엄마라는 상처

내 불안의 시작과 끝

엄마라는 상처

노은혜 지음

유노
라이프

누가 나를
착한 딸로
만들었을까

가족에 관한 강연을 하던 중, 한 청중에게 이런 질문을 받았습니다.

"선생님, 제가 겪는 관계의 어려움이나 정신 문제가 다 엄마 때문인 것 같아요. 그런데 잘 이해가 안 가요. 그리고 애착이 대물림된다는 이론들이 불편해요."

그녀는 억울함이 가득한 눈빛으로 저를 보며 물었습니다. 그녀는 오래 전부터 깊은 우울감과 때때로 솟아오르는 분노 때문에 심리상담을 받기도 하고, 여러 강연과 책을 보며 공부했습니다. 하지만 엄마가 자신의 심리적인 부분에 어떤 영향을 미치는지 접할 때마다 왠지 모를 거부감이 들었다고 합니다. 심리상담 중에도 엄마와의 관계를 탐색하면 마음이 불편해져 금방 상담을 마무리했다고 말했습니다.

그녀와 대화를 하다 보니 엄마를 미워하는 마음과 사랑하는 마음이 충돌하는 듯했습니다. 저는 그녀에게 이 두 가지 마음이 자연스러운 감정이라고 말해 주었습니다. 그리고 불편하면 상담을 멈추어도 되고, 마음이 괜찮다는 신호를 보낼 때 다시 시작해도 된다고 안심시켜 주었습니다.

상처 입은 딸은 엄마에게 사랑받기 위해서, 또 갈등 없이 잘 지내기 위해서 부단히 애를 쓰며 살아갑니다. 하지만 이들의 깊은 내면에는 엄마에 대한 자신만의 감정과 욕구가 있습니다.

나를 비난하는 엄마가 미워지는 감정, 엄마가 부담스러워 도망치고 싶은 마음, 엄마에게 사랑받고 싶은 욕구가 표면적으로 드러나 '착한 딸'이라는 잘 포장된 가면을 씁니다. 하지만 그 가면을 벗고 싶어 하지요. 엄마에게 조건적인 사랑이 아닌, 존재만으로 사랑받아야 했던 '참 자아'가 깨어나고 싶어 몸부림을 칩니다.

참 자아와
거짓 자아

참 자아는 '내면아이' 또는 '진정한 자아'라고 부릅니다. 참 자아는 본능적으로 부여받은 삶을 누리고 싶어 합니다. 참 자아의 욕구를 억압하면 참 자아는 힘을 잃고 무의식의 영역으로 밀려나게 됩니다.

그러고는 가짜 자아를 형성하여 그것을 자신의 진짜 모습으로 착각하며 살아가게 되지요. 가짜 자아는 우리에게 거짓 메시지를 반복해서 보냅니다.

"엄마에게 사랑을 받으려면 착한 딸이 되어야 해."
"엄마를 네가 보살펴야지."
"네 감정은 쓸모없어. 유능한 딸이 되어야 해."

하지만 참 자아는 우리가 가짜 자아로 살며 스스로를 잃어가도록 허락하지 않습니다. 참 자아는 저 깊은 무의식 바다에서 우리를 살리기 위해서 소리칩니다.

"나를 봐 줘, 내가 원하는 건 그게 아니야!"
"나를 더 사랑해 줘, 나도 사랑을 받고 싶어."

"사실은 나 속상해. 너무 슬퍼서 펑펑 울고 싶어."

참 자아의 목소리가 들리기 시작하면 가짜 자아가 위협을 받습니다. 그러면 엄마에 대한 두 가지의 마음이 충돌하는 때를 맞이하게 됩니다. 내가 살자니 엄마가 미워지는데, 엄마를 미워할 수 없으니 나를 미워해야 하는 혼란의 기로에 놓입니다.

우울, 불안, 공황장애와 같은 증상들은 참 자아와 가짜 자아와의 분투로 인한 심리적 긴장감이 보내는 신호입니다. 심리적 긴장감에 잠식당하지 않고 내면을 들여다볼 용기를 낸다면, 자신의 진짜 욕구와 감정을 만날 수 있습니다.

착하거나
나쁜 딸은 없다

여러분이 이 책을 펼친 이유는 무엇인가요? 혹시 엄마와의 갈등으로 인한 내적 긴장감으로부터 벗어나 평안을 되찾고 싶은가요? 저는 한 가지를 제안하고자 합니다. 이 책을 읽는 동안만이라도 엄마를 마음껏 미워하는 딸이 되어 보세요.

이 책 안에는 스스로를 자책하고 엄마에게 사랑받기 위해 거짓자아로 사는 딸들의 이야기가 담겨 있습니다. 상처 입은 딸을 안타까워하는 동시에 자신을 안타까워하세요. 여러분의 마음이 보내는 원망에 귀를 기울이고, 슬플 때 슬퍼해 보세요.

내면아이 전문가인《엄마에게 사랑이 아닌 상처를 받은 너에게》저자 찰스 화이트필드는 우리의 참 자아를 아래와 같이 설명합니다.

우리의 참 자아는 자연스럽고, 탁 트여 있다. 애정이 넘치고, 자상하며, 대화도 잘 통한다. 또 자신과 다른 사람들을 있는 모습 그대로 받아들인다. 기쁨이든 고통이든 자신에게 느껴지는 감정을 있는 그대로 느끼며, 그 감정들을 자유롭게 표현한다.

참 자아는 어떤 비판이나 두려움 없이 자신의 감정을 받아들인다. 살면서 겪게 되는 여러 가지 일들을 합리적으로 판단하고 인식하는 감정들이 존재하게 만든다.

당신은 언제 가장 엄마가 미웠나요? 당신은 언제 엄마 때문에 마음이 아팠나요? 당신이 엄마의 돌봄과 사랑이 필요했던 때는 언제였나요?

이 물음에 자신의 욕구가 먼저 떠오르기보다는 엄마의 얼굴과 희생이 먼저 떠오른다면 당신은 착한 딸로 너무나 오래도록 살아온 사람입니다. 이제는 착한 딸이라는 가면을 벗어도 괜찮습니다.

착한 딸이 되기 위해 영혼을 갈아 넣었던 잃어버린 그 시간을 함께 애도합시다. 그리고 '착한 딸' 이름표를 떼고 '그럭저럭 괜찮은 딸'로도 충분하다고 스스로에게 이야기해 줍시다.

착하거나 나쁜 딸은 없습니다. '한 엄마의 딸'만 존재할 뿐이지요.

목차

들어가는 글   누가 나를 착한 딸로 만들었을까 · 4

1장
내 불안의 시작과 끝, 엄마

유기불안을 일으키는 엄마 · 15
이기적인 딸이라는 말 · 23
지긋지긋한 감정의 대물림 · 32
가족 안에서의 딸 역할 · 42
정서적 허기짐을 주는 엄마 · 49
아빠를 미워하는 마음 · 54
상처 입은 딸로 살아가는 삶 · 61

2장
엄마 때문에 참 많이도 아팠다

피해자 엄마, 가해자 딸 · 71
놀리는 엄마, 수치스러움을 느끼는 딸 · 77
희생하는 엄마, 죄책감을 느끼는 딸 · 81
욕구불만 엄마, 유능한 딸 · 86
화가 난 엄마, 화낼 수 없는 딸 · 93
완벽주의 엄마, 늘 부족한 딸 · 99

3장
이제는 용서해야 할 때

사랑하는 엄마가 미워지기 시작한다 · 109
엄마를 이해하고 싶은데, 이해가 안 될 때 · 116
사랑이 서툰 엄마를 마주하다 · 121
엄마를 어떻게 용서해야 할까 · 128
나의 트라우마를 제대로 알아야 한다 · 140

4장
—

**엄마에게
받은 상처를
치유하는 법**

엄마에게 거절하기 · 147

엄마와 소통하기 · 156

엄마에게 경계 짓기 · 161

제한 설정으로 모녀관계 지키기 · 169

긍정적 투사로 엄마를 물들이기 · 176

엄마의 부족함을 인정하기 · 181

엄마를 포기하기 · 186

내가 원했던 엄마 되어 주기 · 194

5장
—

**치유된
상처는
대물림되지
않는다**

육아, 나의 상처를 돌보는 시간 · 203

엄마가 먼저 행복해야 한다 · 209

엄마와 나는 다르다 · 215

과거의 나와 먼저 만나야 한다 · 221

사랑에도 의지가 필요하다 · 228

나오는 글　엄마와 제대로 사랑하기 · 236

1장

내 불안의
시작과 끝,
엄마

유기불안을
일으키는 엄마

혜수 씨는 현재 불안장애로 고통받고 있습니다. 정체 모를 두려움이 자신을 엄습하기도 하고, 가끔은 과도하게 불안해져서 일상생활에 어려움을 느낍니다.

그런 혜수 씨는 동네에서는 '효녀'라고 소문난 참 착한 딸입니다. 주변 사람들이 혜수 씨를 보며 "내가 다음 생에 태어나면 너 같은 딸을 둔 엄마로 태어나고 싶다"라고 말할 정도입니다. 혜수 씨는 딸이 가진 섬세함으로 엄마의 건강이며 마음이며 엄마를 살뜰하게 돌봅니다.

하지만 혜수 씨는 친구들 모임에만 다녀오면 혼란스럽습니다. 자신의 마음에는 엄마에 대한 걱정과 염려스러움이 한가득인데,

친구들은 부모님에 대한 원망서린 말들을 쉽게 쏟아내니까요. 또 자신과는 다르게 부모님보다 자신의 앞일이 더 중요해 보입니다. 그런 친구들이 철이 없게 느껴지면서도 자신이 느끼는 엄마에 대한 감정이 좀 과도한 것 같기도 합니다.

"너까지 그러면 엄마 못 살아"

혜수 씨의 엄마는 없는 형편에 자녀 셋을 키우기 위해 참 많은 희생을 했습니다. 무심한 아빠 몫까지 꼼꼼하게 집안 살림과 경제를 살피며 자녀 양육에 헌신했지요. 집안 형편은 그런 엄마 덕분에 점점 나아졌고, 경제적으로도 부족함 없는 상황이 되었습니다.

그런데 혜수 씨는 여전히 엄마가 걱정스럽다고 말합니다. 그 이유를 살펴보니 엄마는 혜수 씨 앞에서 유독 "엄마는 사는 게 너무 외로워", "사는 게 무슨 의미인가 싶어. 다 포기하고 싶어"라는 하소연을 자주 했습니다.

혜수 씨는 그런 엄마를 돕기 위해 이런저런 취미생활도 권유해 보았습니다. 하지만 엄마는 "그런 게 다 무슨 소용이니 어차피 허무한 인생 다 필요 없어"라며 거절했습니다.

언니, 오빠도 그런 엄마에게는 관심이 없는 듯합니다. 각자 삶을 살아가느라 바쁘고, 무뚝뚝한 아빠는 엄마가 얼마나 외로운지 서글픈지 알 리가 없습니다. 이로써 엄마의 정서적인 외로움을 함께 짊어지는 사람은 혜수 씨가 되었습니다.

가정 안에서 엄마를 살피고, 걱정하며, 위로하는 위로자이자 정서적 배우자 역할을 하게 되었지요. 혜수 씨는 엄마 곁에 자신이라도 있어 다행이라며 스스로를 위로했습니다. 하지만 엄마가 세상에 대해 허망함을 토로하면, 혜수 씨는 엄마를 잃을 듯한 두려움을 느끼기도 했습니다.

혜수 씨는 엄마와 얽힌 감정이 너무나 많았습니다. 엄마의 감정과 욕구에 몰두되어 자신의 삶을 살지 못했습니다.

엄마가 행복해야 자신이 행복했고, 엄마가 힘든 날에는 혜수 씨도 우울해졌지요. 엄마를 위해 맛있는 음식을 사러 다니고, 엄마를 데리고 여행을 가는 등 엄마의 위로자이자 보호자로서 혜수 씨만 있었습니다.

유기불안이
높은 사람의 특징

혜수 씨를 심리적으로 면밀히 들여다보면 유기불안이 높은 사람이라고 설명할 수 있습니다. 유기불안은 상대방으로부터 사랑을 상실하거나 버림받을 것 같은 두려움에 기인한 불안감을 의미합니다.

또한 강렬한 공포와 부적절한 분노, 우울이나 무기력, 공허함 등 부정적인 감정을 함께 경험하는 복합적인 정서입니다. 유기불안이 높은 사람들은 상대를 잃거나 버림받을 것에 대한 공포를 느낍니다. 이를 막기 위해 관계를 끊거나 거리를 두는 모습을 보이기도 합니다.

반대로 사랑하는 대상을 상실하지 않기 위해 그 관계에 몰두하는 융합관계를 맺기도 합니다. 혜수 씨 역시 엄마의 불행이나 심리적인 불안정 등을 엄마의 감정으로만 받아들이지 못했습니다.

자신이 엄마를 더 돌보지 못하거나 딸로서 충분하지 않아서 벌어진 일이라며 원인을 자신에게 찾았습니다. 그래야만 불안의 형체를 찾을 수 있기 때문이지요.

이렇듯 혜수 씨는 엄마와의 관계 회복과 가정의 심리적 균형을 맞추기 위해서 자신이 희생하는 역할을 반복했습니다. 결국 스스로를 인정하지 못하고, 자신의 욕구를 충족하며 살 수 없었습니다.

이러한 모습은 회사에서든 연애에서는 비슷했습니다. 관계가 깊어질수록 상대의 욕구와 감정을 과도하게 책임지려고 했지요. 그럴수록 자신을 잃어버리고 껍데기만 남은 것 같다고 느꼈습니다. 마치 엄마와 자신과의 관계가 재현되는 듯했지요.

유기불안을 일으키는 엄마의 심리

혜수 씨의 엄마는 자신의 외로움과 불안을 채울 대상으로 딸을 선택했습니다. 이것은 물론 의식적인 차원이 아닙니다. 우리는 자연스럽게 심리적 허기짐을 채워 줄 대상을 찾아 헤맵니다. 마음 여리고 힘들 때 언제나 자신을 돌봐 준 착한 막내딸이 그 대상이었지요.

혜수 씨의 엄마는 혜수 씨가 조금이라도 엄마와 다른 감정을 품거나 다른 선택을 하려고 하면 이렇게 말합니다.

"네가 말 안 들으면 엄마 다 포기할 거야."
"너까지 그러면 엄마 어떻게 될지 몰라."

이 말은 부모의 사랑이 전부인 딸에게 너무나 두려운 말입니다. 세상이 무너질 것 같은 절망감과 공포심을 느끼게 하지요.

사실 이러한 말을 하는 엄마는 그 말을 듣는 아이의 마음을, 감정을, 두려움을 알아차리지 못할 만큼 심리적으로 미성숙한 상태입니다. 아이가 경험할 공포와 두려움보다 자신의 절망과 욕구가 너무나 크지요. 이에 따라 심리적인 힘, 유기불안을 일으켜서라도 자신이 원하는 것을 얻습니다.

언뜻 보면 가스라이팅과 굉장히 유사합니다. 가스라이팅은 타인에게 심리적인 압력을 가해서 자신의 이익을 얻는 행위를 의미합니다. 하지만 유기불안이 가스라이팅과 다른 점은 의도하지 않게 벌어지는 심리 작용이라는 것입니다.

엄마를 어린아이라고 생각하자

혜수 씨는 상담을 여러 차례 거듭하며 엄마가 혜수 씨의 유기불안을 자극하며 자신의 욕구를 채워 왔던 순간들을 알게 되었습니다. 이제는 그 불안에 넘어가 어머니에게 조종당하지 않겠다고 결심했습니다.

부모이지만 심리적으로는 자식에게 기대고 의존하려는 어린아이와 같은 사람들이 있습니다. 이들은 자식에게 과도하게 의

존하고 협박을 해서라도 자신의 욕구를 채우고자 합니다. 이런 부모의 심리적 지배에서 벗어나기 위해서는 부모를 어린아이를 보듯 바라보아야 합니다.

보통 아이들은 부모에게 자신이 원하는 것을 얻기 위한 방법으로 떼를 쓰고 드러눕습니다. 성숙한 부모는 그런 아이에게 원하는 것을 바로 주지 않습니다. 그 당시에는 마음이 아프지만, 아이의 성장을 위해 그 공격성을 버텨 냅니다. 아이의 감정은 수용하되, 그런 방법으로는 원하는 것을 얻어낼 수 없다고 분명히 알려 주지요.

마찬가지로 엄마가 만약 "네가 당장 엄마 요구 안 들어주면 엄마 힘들어서 죽을지도 몰라"라는 말을 한다면 이렇게 대답해 보세요.

"엄마, 지금 많이 힘들다는 말이지? 그런데 내가 엄마 앞에서 '나 죽을 거야. 나 인생을 다 포기할거야'라고 말하면 어떤 마음이 들어?"

"엄마가 그런 말을 할 때 걱정은 되지만 두렵고, 무섭고 또 너무 힘이 빠져서 아무것도 못하겠어. 내 도움이 필요하면 좀 도와줄 수 있냐고 물어봐 줘."

그런데도 엄마가 심리적 압박을 계속해서 가한다면 떼쓰는 아이를 바라보는 심정으로 그것을 가만히 지켜보세요. 엄마는 우리가 생각하는 것보다 강합니다. 내가 엄마에게 조종당하지 않는다고 엄마가 삶을 포기하지는 않습니다.

효(孝)는 지배당하고 끌려다니며 나오지 않습니다. 부모를 사랑하고 존경하는 마음을 바탕으로 자연스럽게 우러나오지요.

염려스러움과 두려움에 의해서 엄마를 돌본다면 그것은 착한 딸로서의 효가 아닙니다. 그저 엄마의 심리적 지배에서 빠져나오지 못했을 뿐입니다. 우리는 그 지배로부터 벗어나야 합니다. 그래야 엄마도 나에게 의지하지 않고 스스로의 삶을 지탱하는 힘을 키울 수 있습니다.

이기적인
딸이라는 말

상처 입은 딸들의 이야기를 듣다 보면 공통적인 특징이 하나 있습니다. 바로 엄마에게 많은 비난과 가혹한 말을 들었던 경험이 있다는 것입니다. 이들은 엄마의 요구를 거절하거나 엄마의 뜻과는 다른 욕구를 표현하면 '이기적이다', '못된 딸', '나쁘다', '너만 안다', '게으르다'라는 말을 듣곤 하지요.

엄마가 내리는 평가는 '나'라는 사람에 대한 감각과 느낌을 만듭니다. 나에 대한 느낌, 평가, 자각은 특히 엄마가 표현한 말에 영향을 받습니다. 그리고 스스로를 떠올렸을 때 느껴지는 정서에 기록되지요. 자신의 정서에 스며든 부정적인 느낌과 왜곡된 인식을 벗겨 내는 일은 참으로 지난한 과정이기도 합니다.

　　　　　　　　　　1장 내 불안의 시작과 끝, 엄마

왜 엄마는 딸에게 이토록이나 가혹한 말을 할까요? 그 말이 딸에게 얼마나 큰 상처가 될지, 얼마나 오래도록 진하게 남을지 모르는 것일까요?

지금부터 '대상관계' 이론으로 가혹한 말로 상처 주는 부모의 내면 흐름을 이해해 보려고 합니다.

인간의 마음은 세 가지 심리적 자리를 거친다

대상관계 이론가인 멜라니 클라인과 옥덴은 "인간의 마음은 세 가지 심리적 자리를 거치며 형성된다"라고 말합니다. 그 자리는 '자폐-감각자리'부터 시작해 '편집-분열자리'와 '우울자리'로 발달합니다. 인간은 이 세 가지 자리에서 세상을 경험하고 정서를 받아들이며 대상과 관계를 맺습니다.

'자리'는 한 자리에서 다음 자리로 순서대로 발달합니다. 옥덴은 자폐-감각자리에 대해 '태어난 후부터 생을 마감할 때까지 인간이 갖게 되는 심리 상태의 근원'이라고 표현했습니다.

인간은 오감을 통해서 세상을 경험하고 이렇게 쌓인 기초적 감각들이 심리, 즉 마음의 기초를 형성하지요. 엄마가 딸에게 상처 주는 심리를 이해하기 위해서는 자폐-감각자리를 넘어서 편집-

분열자리에 대해 살펴보아야 합니다.

자신의 기준대로
딸을 평가하는 엄마

편집-분열자리에 있는 사람들은 세상을 굉장히 주관적으로 바라봅니다. 그들은 자신이 한번 생각하고 평가한 대로 대상을 인식합니다.

재희 씨의 엄마는 재희 씨에게 너무나 가혹한 말들을 일상처럼 합니다. 그녀에게 딸은 언제나 탐탁치 않습니다. 게으르고, 시간 관리를 못하고, 제대로 할 줄 아는 일이 도무지 없습니다. 엄마가 하나하나 챙겨 주지 않으면 혼자서는 아무것도 할 수 없는 딸이지요.

거기에다가 열등감까지 있어 다른 사람을 쉽게 질투한다고 생각합니다. 재희 씨의 엄마가 느끼기에 질투는 아주 나쁘고 교만한 마음입니다. 매일같이 질투하는 딸을 보면 그 인성이 못되게 느껴지기도 합니다. 재희 씨는 정말 그런 사람일까요?

의아하게도 주변 사람들이 말하는 재희 씨는 그렇지 않았습니다. 물론 엄마가 말하듯 엄마의 집안일을 돕는 것은 미숙합니다. 설거지를 하다가 접시를 깨기도 하고, 접시에 세제를 묻혀 두기도 합니다.

하지만 재희 씨는 자취를 하면서 한 끼는 스스로 만들어 먹을 줄도 압니다. 또한 재희 씨가 가진 긍정적인 성격 덕분에 재희 씨를 좋아하는 사람도 많습니다. 재희 씨 역시 엄마에게 "엄마가 생각하듯이 나 그렇게 게으르지 않아. 자취하면서 한 끼는 꼭 스스로 만들어 먹는 거, 게으르면 못해"라고 말합니다.

그런데도 재희 씨의 엄마는 왜 재희 씨를 주변 사람들이 보는 시선으로 보지 못할까요? 재희 씨의 엄마가 재희 씨를 늘 게으른 딸로 '평가'하기 때문입니다.

전체를 보지 못하고
한 부분만 본다

편집-분열자리의 또 다른 특징 중 하나는 상대방의 전체가 아닌 특정 부분만 본다는 점입니다. 집안일은 다소 서툴지만 그래도 한 끼 정도는 밥을 해 먹는, 완벽하진 않지만 거실을 말끔히 정리할 줄 아는 재희 씨의 모습은 보이지 않습니다. 그저 창틀을 닦지 않은 딸의 무심함을 보며 '게으르고 할 줄 아는 일이 없는 딸'로 판단할 뿐입니다.

얼마 전 유명한 연애 방송 프로그램에 '자기 연애 빼고 완벽한 솔로몬'이라는 별명을 얻은 한 여성이 나왔습니다. 그녀는 같이 방송 출연을 하는 다른 남자 출연자가 일요일에 교회를 가는 모습을 보고 이렇게 말합니다.

"여기까지 와서도 교회를 나가네. 언제 어디서든 자기 신념을 지키는 사람인 거야. 나중에 결혼하면 가정도 잘 지키겠지."

다른 여자 출연자들은 교회에 가는 모습을 고집스럽게 보았지만, 이 사람은 상대방의 전체 모습을 볼 줄 알았습니다. 남자 출연자의 한 가지 면만 보고 쉽게 그를 판단하거나 평가하지 않았지요. 이런 사람은 한 사람의 다른 여러 면을 함께 고려할 수 있습니다.

편집-분열자리에 있는 사람은 인간관계를 부분 대상으로만 맺기 때문에 상대방의 지적 수준이나 경제적인 능력, 소유물 등을 중요하게 생각합니다. 그것을 그 사람의 전부로 인식하기 때문이지요.

그러다가 중요하게 생각한 것이 가치가 없어지면 관계를 단절하거나 '필요 없는 존재'로 평가절하합니다. 상대와 함께 나누었던 사랑과 친밀함, 상대의 다른 장점에 대해 전체적으로 고려하지 못합니다.

또한 극단적인 감정 변화도 이들의 특징입니다. 그 사람이 필요하면 비굴하게 굴어서라도 잘 보이려고 애쓰고, 자신에게 가치 없어지면 자신이 상대보다 우위에 있는 듯 전능감을 경험합니다. 이런 탓에 편집-분열 자리에 있는 사람은 인간관계를 오래 유지하기 어렵습니다.

생존 상태에
머물러 있는 엄마

재희 씨의 엄마는 재희 씨가 자신에게 복종하는 순종적인 딸로 존재해야 재희 씨를 인정합니다. 엄마에게 말대꾸를 하거나 지적을 하면 "엄마와 다시는 못 볼 줄 알아", "이제 너희 집에 두 번 다시 오지 않을 거야"라며 관계를 단절하려고 합니다.

결국 편집-분열자리에 있는 엄마의 특징으로 인해 재희 씨는 본래의 자신의 모습과는 다르게 이기적인 딸, 게으른 딸로 불리게 되는 것이죠. 그 결과로 부정적인 자아상이 뿌리 깊게 내려져 고통받기도 합니다.

편집-분열자리에 머무르면 심리적으로 성장하지 못하는 이유는 이들이 '생존 상태', 즉 살아남기 위한 상태에 머물러 있기 때문입니다. 이는 영유아 아이들의 상태와 같습니다. 영유아 아이들은 위험한 것과 위험하지 않은 것, 좋은 것과 나쁜 것을 분리해 놓아야만 생존할 수 있습니다.

경남가족상담연구소 김도애 소장은 편집-분열자리를《영화에서 나를 찾다》에서 아래와 같이 설명하고 있습니다.

> 편집-분열자리란 인간이 자신의 오감으로 감지한 외부의 어떤 상태나 자극을 좋은 것과 나쁜 것으로 분류하는 상태를 말한다.
> 어떤 사람이 주변의 모든 것을 의심하면서 아무도 믿지 못하는 상태에 있다면 편집성이 강하다고 한다. 또 주변의 모든 것을 선과 악, 이분법적으로 보는 경향이 강한 사람을 분열 방어기제를 많이 사용한다고 말한다.

그녀는 덧붙여서 건강한 마음을 가진 사람도 예상하지 못한 힘든 일을 당하거나, 자신의 취약한 모습을 발견하면 미숙한 심리 상태로 퇴행할 수 있다고 전합니다.

이때의 심리적 특성은 주변을 모두 의심하여 좋은 편과 나쁜 편으로 가르고 자신의 안전을 위한 대처 방법을 찾는 것이 일반

적입니다. 이는 '생존 본능'으로서 마음 발달 초기의 작동체계가
과도하게 기능하기 때문입니다.

내가 잘못해서
생긴 문제가 아니다

정서적으로 미성숙한 엄마는 자식과 자신을 심리적으로 분리
시키지 못하는 경우가 많습니다. 나와 타인의 경계가 없고, 자신
이 느끼는 감정과 사고에만 몰두되어 있습니다. 상대방에 대한
생각이 불가능하지요.

그래서 딸이 자신과 다른 선택을 하고, 다른 생각과 판단을 할
수 있다는 사실을 받아들이지 못합니다. 자신에게 '위험하고', '가
치가 없고', '좋지 않은' 느낌을 주는 것들은 무조건 피해야 한다
고 생각합니다.

딸이 똑같은 상황을 경험하더라도 자신과는 다른 대처를 할 수
있고, 오히려 그것을 성장의 기회로 삼을 수 있다고 생각하지 못
하지요. 그래서 자신이 해결해 주거나 하지 말라고 말하는 방법
으로 미숙한 사랑을 표현합니다.

이렇듯 엄마가 나를 '이기적이고', '나쁘고', '게으른 딸'로 평가
하는 이유는 내가 진짜 그런 사람이라서가 아닙니다. 나 스스로

를 비난하는 메시지는 사실 엄마가 자신의 감정을 어찌할지 몰라 나에게 쏟아내었던 감정의 흔적임을 기억해야 합니다.

엄마가 말로 비난하는 순간 우리가 할 수 있는 한 가지 대처 방법이 있습니다. 바로 엄마에게 그 상태를 인식시켜 주고, 스스로 화를 가라앉힐 수 있게 거리를 두는 것입니다.

가혹한 말이 시작되면 "엄마, 지금 감정이 너무 올라온 것 같아 보여. 나중에 이야기하자", "나도 이렇게는 대화하기 힘들어. 잠깐 나갔다 올게"라고 말해 보세요. 엄마의 상처에서 튕겨져 나오는 파편들로부터 자신을 지킬 수 있기를 바랍니다.

지긋지긋한
감정의 대물림

정서적으로 늘 배고픔만 주는 부모에게서 성장한 자녀들은 자신의 감정을 충분히 표현한 경험이 적습니다. 그래서 자신의 내면세계를 이해하지 못해 감정에 압도당하거나 부적절한 방식으로 그 상황에서 도망칩니다. 내면세계를 회피하는 사람들은 몇 가지 공통적인 특성을 가지고 있습니다.

나의 마음을
모르는 사람의 특징

첫 번째, 다른 사람을 과도하게 통제하려고 합니다.

심리적 자본이 적은 사람들은 자신의 감정은 물론 욕구 또한 알아차리기 어렵습니다. '내 마음이 이래, 그래서 이게 필요해'라고 인식하기가 불가능하지요.

다른 사람들이 자신의 말대로 행동하며 통제 아래 들어와 있을 때 힘을 느낍니다. 자신의 마음과 닿지 않으니 타인을 과도하게 통제하면서 마음의 안정을 찾고자 합니다.

두 번째, 감정조절이 잘 되지 않아 쉽게 울거나 화를 냅니다.

상대방에게 이해받지 못한 감정은 쉽게 짜증이나 울분으로 솟아납니다. 어떤 사람은 이러한 자신의 모습을 보며 '나는 감정을 잘 표현한다'라고 생각하기도 합니다.

하지만 이것을 감정을 잘 표현하는 것으로 보긴 어렵습니다. 짜증과 울분은 자신의 정서 상태를 알리기 위한 서툰 정서적 방어이기 때문입니다. 자주 솟아오르는 짜증과 울분은 자신이 알아차리지 못했던 서운함, 질투, 좌절감 등 진짜 감정의 포장일 뿐입니다.

진짜 감정은 표현하면 후련한 마음이 들고 자기 자신을 이해하는 데 도움이 됩니다. 하지만 가짜 감정은 아무리 표현해도 후련하지 않고 돌아서면 자책과 후회가 남습니다.

세 번째, 다른 사람과의 친밀감을 공유하기 어렵습니다.

자신의 내면세계를 잘 이해할수록 상대방의 내면세계에 대한 이해 또한 높아집니다. 자신을 모르고 자신에게 연민을 느끼지 못하면서 다른 사람의 마음을 이해하고 감정을 나누기란 어렵습니다.

내면세계가 빈약할수록 타인을 필요를 충족시켜 주는 '대상'으로만 생각할 뿐, 정서적인 유대감을 쌓지 못합니다. 자신의 진짜 속 이야기를 하지 못하니, 공허하고 외로운 감정을 자주 경험합니다.

네 번째, 일이나 취미, 쇼핑 등 중독적인 모습을 보입니다.

우리는 자신의 감정을 이해하고, 자신에 대한 믿음이 견고해지는 순간, 나 자신에 대한 생동감을 경험합니다. 내면세계가 공허한 이들은 자신의 진짜 감정을 외면하기 때문에 스스로에 대한 확신을 가지기 어렵습니다.

따라서 일이나 쇼핑, 취미, 관계 등 외부의 것들에 몰두하게 됩니다. 그것들을 잘 해내고 있을 때만이 '잘 살고 있는 것 같은' 느낌을 받기 때문입니다. 중독된 상태에서 분비되는 강렬한 호르몬, 도파민이 분비될 때 만족감을 느낍니다.

다섯 번째, 적절한 때에 자신을 보호하지 못합니다.

내면세계를 회피하는 사람들은 부당한 경험을 했을 때 "안 됩니다", "힘듭니다", "그것까지는 어렵습니다"라고 거절하기를 어려워합니다. 이들은 자신이 무엇을 힘들어하고 불편해하는지, 부담이 되는지 잘 알지 못합니다.

설사 그것을 안다고 하더라도 비난받거나 버림받을 것에 대한 두려움이 과도한 긴장으로 이어집니다. 이러한 억압이 한계에 닿으면 분노로 폭발시켜 다른 사람에게 상처를 주는 행동을 반복합니다.

딸의 정서를 억압하는
감정의 대물림

엄마에게 "그렇게 느끼면 안 돼", "뭐 그런 것 때문에 속상해하니", "얼른 눈물 그쳐"라는 말을 들어 본 경험이 있나요? 그렇다면 엄마가 내면세계에 무지하여 위와 같은 특성을 지니고 있을 확률이 높습니다. 엄마가 자신의 마음을 알지 못하기 때문에 딸의 마음 또한 이해할 수 없지요.

또 자신이 딸의 감정을 다루어 줄 능력이 없다는 것을 알고 있기 때문에 그런 말을 할 수도 있습니다. 무능함과 초라함에서 벗어나고자 조롱하거나 처벌하며 자녀의 정서를 억압합니다.

이러한 이유로 딸은 내면세계의 감정을 무가치하거나 경험하면 안 되는 것으로 인식하기 쉽습니다. 마치 흐르지 못해 고인 강물과 같습니다. 위에서 수문을 닫아 버린 탓에 깨끗한 물을 공급받을 수도, 내면에서 끓어오르는 불순물들을 씻어 버릴 수도 없지요.

이것이 '감정의 대물림' 과정입니다. 나의 엄마 역시 자신의 부모에 의해 이러한 정서적인 흐름을 경험했을 가능성이 높습니다. 이 흐름이 자식에게 영향을 미친 탓에 정서적 허기짐이 반복되는 것이지요.

지긋지긋한 대물림을 끊을 수 있는 방법이 있기나 할까요? 저는 매일 대물림을 끊기 위해 몸부림치는 이들과 만납니다. 저 역시도 대물림을 끊기 위한 몸부림 속에서 살아가고 있지요. 어쩌면 당신이 이 책을 집어든 이유도 솟구쳐 나오는 감정의 물길을 허락하고자 하는 마음에 귀를 기울였기 때문이라 생각합니다.

모든 문제를
자신에게서 찾는 딸

나현 씨는 상담을 진행하면서 정서적 대물림을 끊고자 노력하고 있습니다. 어린 시절부터 부끄러움이 많아 위축되어 있었습니다. 그런 나현 씨는 늘 엄마에게 "넌 성격에 정말 문제가 많아"라는 말을 들었습니다. 활발했던 언니와 비교당하는 일도 많았습니다.

그러한 말을 들을 때마다 나현 씨는 스스로를 '문제 많은 성격', '예민하고 까탈스러운 성격'이라고 생각하게 되었습니다. 나현 씨가 성인이 되고 사람들과의 관계가 어려울 때마다 내면에서 이러한 목소리가 맴돌았다고 합니다.

'나 또 이러네. 내 성격은 언제 바뀔까?'
'이렇게 문제가 많아서 나 어떻게 인간관계를 유지하지?'
'언니처럼 활발했으면 좋았을 텐데. 나는 왜 이모양일까….'

나현 씨는 자신의 내면에서 올라오는 자책과 비난의 목소리를 따라 자신을 문제라고 여기며 살았습니다. 감정의 대물림이 자신에게 내면화된 것이지요.

자신을 가혹하게 대하다 보니 스스로에 대한 신뢰가 부족해지고, 심지어는 자신이 어떤 사람인지 혼란스러워지기 시작했습니다. 주변 사람들은 나현 씨에게 "성격이 참 차분하고 매사에 조심성이 많아서 좋다", "나는 왈가닥인데 너처럼 조신했으면 좋겠다"

라고 말합니다. 하지만 자신에 대한 좋은 평가들조차 '무슨 의도가 있어서 저럴까?', '우회적으로 나를 놀리는 건가?'라며 왜곡했습니다.

엄마의 감정 대물림을 차단하자

나현 씨는 상담을 이어 가며 내면에서 일어나는 혼란스러움을 엄마와의 관계에서 발견했습니다. 그러면서 이제는 자신의 감정과 모든 감각을 허락해 주고 보호하는 일이 얼마나 중요한지를 배우고 있습니다.

나현 씨는 엄마가 자신의 미숙함으로 인해 나현 씨를 비난하려고 할 때 아래와 같은 행동들을 시도했습니다.

첫 번째, 엄마가 나를 비난하며 공격할 때 장점으로 되받아쳤습니다.

"너는 그렇게 성격이 꽁해서 뭐에 쓰겠냐?"라고 비난이 들어오면 "그건 꽁한 게 아니라 조심스러운 거야"라고 자신을 보호했습니다.

두 번째, 자신의 감정이 타당하다는 것을 알렸습니다.

어느 날 우울하거나 힘들어하는 나현 씨에게 엄마는 "얼른 털고 일어나", "너 그렇게 무기력하게 있어서 어떻게 살래"라고 부정적으로 말했습니다. 나현 씨는 "우울하고 속상해해도 잘 살 수 있어", "기쁘고 행복한 것만 삶이 아니야"라며 자신의 정서에 타당성을 표현했습니다.

"지금 우울해서 힘 빼고 있는 것이 나에게 도움이 돼", "이런 상황에서 화가 나는 건 자연스러운 감정이야", "이건 내 감정이니 내가 처리할게"라고 경계를 정하기도 했지요.

세 번째, 엄마가 다른 수단으로 내 감정을 해결하려는 상황을 알아차렸습니다.

나현 씨의 엄마는 나현 씨가 속상해하거나 불만을 토로하면 늘 카드를 주면서 사고 싶은 것을 사라고 말했습니다. 그럴 때 나현 씨는 "엄마, 카드보다는 공감해 주는 게 훨씬 위로가 돼"라고 무엇이 도움이 되는지 알리기 시작했습니다.

네 번째, 감정에 대해 비난을 받으면 질문하고 차단했습니다.

엄마는 나현 씨가 느끼고 있는 감정에 대해서 비난하거나 "넌 왜 그런 걸로 속상해하냐"라며 조롱했습니다.

나현 씨는 그럴 때마다 "걱정이 되면 다르게 말해 줘", "위로하고 싶은 거면 다르게 이야기해 줘", "나를 더 힘들게 하고 싶은 거야, 힘을 주고 싶은 거야?"라고 질문하거나 요청하였습니다. 자신의 감정에 대한 조롱과 비난을 차단하며 내면세계를 꿋꿋이 지켰습니다.

다섯 번째, 자기비판을 멈췄습니다.

때때로 나현 씨는 부모와 경계를 짓는 것에 대해 죄책감을 느끼며 '나만 아는 이기적인 딸'이라는 감정에 시달리곤 했습니다. 하지만 이것이 이기적인 행동이 아니며, 자기 보호와 자기 비판만이 자신을 성장시킨다는 왜곡된 신념을 버리기로 했습니다.

나 자신과의 좋은 관계를 위해서는 자신을 꾸짖고 벌주기보다 위로하고 이해해야 한다고 되새겼습니다. 자신에게 사랑과 돌봄을 줄 때 자신에 대한 신뢰가 생기며 마음이 성장한다는 것을 상기했습니다.

이러한 노력들이 몇 년 동안 쌓이며 엄마는 나현 씨를 '조심스러워'하기 시작했습니다. 물론 여전히 나현 씨에 "너한테 이제는 무슨 말을 못하겠다"라고 말하긴 합니다.

하지만 이제 엄마는 나현 씨에게 하는 말과 행동이 나현 씨에게 어떤 영향을 미칠지 생각하며 행동합니다. 그것이 배려이고 사랑이니까요. 그렇게 엄마는 나현 씨의 감정을 신경 쓰기 시작했습니다. 잘 모를 때는 재요청하며 그렇게 엄마와의 관계가 회복되어 갔습니다.

엄마와 딸 사이에 흐르는 오래된 감정의 대물림을 끊고 감정의 새로운 물길을 만드는 과정은 나현 씨와 같이 자신을 지키고자 하는 마음 하나면 충분합니다. 나를 지킬 용기만 내면 됩니다.

하지만 이 과정은 매우 힘들고 시간이 필요합니다. 많은 전문가들은 이 대물림을 끊기 위해서는 '뼈를 깎는 노력이 있어야 한다'라고 입을 모아 말하곤 하지요. 저는 이 말 대신 아래와 같은 문장으로 여러분에게 용기를 주고 싶습니다.

'내가 나를 지킬 용기를 잃지 않으면 된다.'

'이 과정은 당연히 있어야 하며 나를 보호하기 위해 목소리를 내는 일이다.'

'나의 잃어버린 감정과 욕구를 되찾기 위한 투쟁 과정이다.'

'내가 나를 되찾아 비로소 행복해질 때 그것이 부모를 행복하게 하는 참된 효도이다.'

가족 안에서의
딸 역할

서정 씨는 최근 무기력과 우울감으로 일을 쉬고 있습니다. 쉬는 동안에도 늘 자기를 따라다니는 '빚진 것 같은 느낌'에 대해서 이야기했습니다. 꿈에서도 빚쟁이들에게 쫓기거나 자신이 해야 하는 일을 제대로 하지 못해서 늘 마음이 무거웠습니다.

서정 씨와 함께 심리상담을 이어 가며 죄책감이라는 감정이 표현하고자 하는 것을 따라가 보았습니다. 서정 씨는 부모님이 어린 시절부터 많이 다투면서도 함께 사는 상황이 늘 이해가 되지 않았습니다.

서정 씨는 중학교 무렵 어머니가 자신을 앉혀 두고 한 이야기를 떠올렸습니다.

"엄마 아빠가 이혼하고 싶은데, 지금 당장은 안 돼. 아빠한테 경제적인 지원이랑 네 용돈을 받고 있으니까."

서정 씨는 엄마 앞에 앉아 그 이야기를 들었을 때의 감정이 현재 자신을 매일 따라다니는 감정과 비슷하다고 말했습니다.

현재까지 부모님은 이혼을 하지 않으셨습니다. 하지만 서정 씨의 엄마는 얼마 전에도 서정 씨를 불러 위와 같은 말을 했다고 합니다. 하지만 서정 씨는 최소한의 생활을 위한 용돈만 받고 있었습니다. 서정 씨 집안의 경제적인 상황을 보더라도 돈 때문에 엄마가 아빠와 이혼하지 못한다는 사실은 이해하기가 힘들었습니다.

엄마와 아빠를 이어 주는
딸의 역할

서정 씨는 자신의 죄책감에 대한 이야기를 이어 가다가 또 하나의 기억을 떠올렸습니다.

"그래도 이런 남편이라도 있어야지. 이혼하면 남편 없는 여자라고 엄마를 무시할거야."

1장 내 불안의 시작과 끝, 엄마

스쳐가듯 했던 엄마의 말이 생각났습니다. 엄마의 무시당하고 싶지 않은 마음이 서정 씨에게 용돈을 주어야 한다는 핑계로 위장되었던 것이지요.

서정 씨는 엄마와 아빠의 관계를 이어 주는 접착제로서의 역할을 해 왔습니다. 엄마에게는 '무시 받고 싶지 않은 욕구', '그런 남편이라도 곁에 두고 싶은 욕구', '혼자 서기 두렵지만 정서적으로 단절된 상태이나 함께하면서 얻는 안정감'이라는 욕구가 있었습니다. 자신의 욕구와 마음을 알아차릴 수가 없으니 서정 씨 핑계를 대며 남편 곁을 떠나지 않았던 것이지요.

"지금까지 내가 겪지 않아도 될 죄스러움을 감당하면서 지낸 세월이 너무 억울해요."

서정 씨는 자신을 그런 역할로 대했던 어머니에 대한 억울함과 자신에 대한 안타까움을 표현했습니다.

우리는 때때로 가족 안에서의 어떤 역할을 담당하기도 합니다. 어떤 자녀들은 '문제아'로 낙인찍히며 가족 내 정서적 긴장감을 해소합니다. 부모의 갈등으로 인한 긴장감을 자신에게로 돌려 엄마와 아빠의 사이를 묶으려는 무의식적 기제이지요.

문제아인 자신에 대해 부모가 함께 고민하는 동안 경험하는 찰나의 평안과 유대감을 위해 자신의 삶을 포기합니다. 하지만 그 순간은 찰나의 순간일 뿐입니다.

가족의 구원자 역할을 하는 딸

어떤 딸은 가족의 영웅이자 부모의 구원자로서의 역할을 맡습니다. 아빠의 주사와 폭력으로 인해 고통당하는 엄마를 보면서 성장한 딸은 엄마의 구원자가 되기 위해 노력합니다. 자신을 혹독하게 대하며 스스로 높은 기준을 세우고 성공을 위해 노력합니다.

그러나 자신의 삶에 엄마의 삶까지 업고 가려니 성공을 향해 가는 길에 자주 무기력함을 경험합니다. 사실 원래 구원자 역할은 딸이 짊어져야 할 역할이 아닙니다. 딸은 딸로서의 삶을 살아가는 것으로 충분합니다. 하지만 어떤 딸은 자신의 삶에만 집중하면 죄의식을 느낍니다.

또 다른 딸은 가족의 희생양이 되기도 합니다. 엄마의 감정과 자기 자신의 감정을 분리하지 못하고, 엄마의 감정과 욕구가 곧 자신의 감정이 되기도 합니다. 엄마가 기뻐해야 자신도 기쁘고 엄마가 슬프면 자신도 침울해집니다.

대상관계 상담전문가인 권경인 교수는 《엄마가 늘 여기에 있을게》에서 희생양 역할을 하는 자녀들에 대해 아래와 같이 말합니다.

엄마가 울면 아이도 같이 요동쳐서 웁니다. 엄마가 울면 같이 울고, 한쪽 부모의 하소연을 들어주고 추임새를 넣고 (…) 이런 아이들을 부모는 효자, 효녀라고 합니다. 그런게 가족 상담에서는 그런 아이를 '희생양'이라고 칭합니다.

자녀는 부모의 슬픔과 좌절이 자신의 탓이라고 느낄 때, 아무리 노력해도 집안의 불화를 해결하지 못할 때 자신을 희생하는 방법을 선택하게 됩니다.

내면아이 전문가인 존 브래드쇼는 저서 《수치심의 치유》에서 자녀들이 이러한 역할을 자처하는 이유에 대해 아래와 같이 설명합니다.

역기능 가족의 아이들은 가족 내 균형을 위해서 엄격한 역할을 한다. 예를 들면 아이는 자신이 가진 필요를 모두 포기한 채 가족의 암묵적인 균형을 맞추려고 시도한다. 부모를 돕는 자, 영웅, 조용한 아이가 되려고 한다.

그는 덧붙여 이러한 역할은 가정에서 가장 연약하고 감정이 민감한 사람이 맡기 쉽다고 말합니다. 역할을 맡는 과정은 무의식적으로 이루어지기 때문에 세밀한 시선으로 바라보지 않으면 알아차리기 힘들 수 있습니다. 또한 그 역할이 나의 생존 방식이었기 때문에 그것을 버리기 어려워하지요.
스스로에게 아래와 같은 질문들을 해 보길 바랍니다.

"내가 엄마를 기쁘게 하지 않으면 나는 어떤 딸이 되는가?"
"나만 생각하며 내가 하고 싶은 것을 꿈꾸는 삶은 나에게 어떤 의미일까?"
"내가 성취한 것들이 모두 무너진다면 부모님은 어떤 반응을 보이실까?"

그래도 여전히 혼란스럽다면 가족 내 어떠한 '역할'로 살고 있는지를 점검해 보아야 합니다. 그 역할이 무엇이든 그것이 당신에게는 부모를 사랑하는 방법이었지요. 부모에게 사랑받기 위한 유일한 수단이며, 또 살아남기 위한 생존 방식이었을 것입니다.

하지만 이제는 그 생존 방식을 내려놔도 된다고 전하고 싶습니다. 전시에는 전시에 맞는 생존 방식이 있습니다.

다시 말해 부모의 갈등이 사그라들고 부모로부터 독립을 했으면 그에 맞는 삶을 살면 됩니다. 여전히 가족 내 '역할'을 자처하며 살아가고 있진 않은지, 힘겨운 짐을 이제는 버려야 할 때가 아닌지 점검해 보길 바랍니다.

정서적 허기짐을
주는 엄마

우리는 마음 한 켠에 세상에서 나를 가장 소중하게 생각하고 사랑해 주는 누군가를 갈망하며 살아갑니다. 나의 생각, 내가 바라는 것들을 굳이 말로 하지 않아도 알고 사랑해 주는 누군가를 말이지요.

얼마 전 내담자 효정 씨가 한 드라마 이야기를 꺼냈습니다. 효정 씨는 드라마 속 한 장면을 언급하며 슬퍼했습니다. 드라마 속 여주인공은 부모와의 관계에서도, 자신의 삶에서도 내면의 허기짐을 경험하며 살고 있었습니다. 자신을 좋아하는 사람은 어디에도 없는 것 같은 존재의 무가치함을 느끼며 절망했습니다.

여주인공은 어느 날 매일 술로 삶을 보내는 남주인공을 찾아갑니다. 그리고는 "날 추앙해요"라고 말합니다. 여주인공은 자신이 가득 채워지게 당신이 날 추앙하라는 요구를 합니다.

그렇게 남주인공과 여주인공의 관계가 시작됩니다. 그녀가 채우고 싶었던 것은 무엇이었을까요? 도무지 채워지지 않는 결핍된 정서적 허기짐이었지 않나 생각합니다.

정서적으로 미성숙한
엄마의 딸

효정 씨는 이 장면에 대해 이야기하며 여주인공의 심정이 꼭 자신과 같아서 놀라웠다고 말합니다. 어떤 것을 하더라도 늘 정서적으로 허기진 상태로 일이 그 자리를 채워 줄까, 취미가 채워 줄까, 친구가 채워 줄까, 연인이 채워 줄까 기대합니다. 하지만 번번이 좌절감을 겪습니다.

효정 씨는 결혼했지만 아직도 정서적으로 미성숙한 엄마의 딸입니다. 어느 날 집에 갔더니 엄마의 표정이 싸늘해 보입니다. 엄마의 말투와 표정에는 부정적인 감정이 잔뜩 묻어 있습니다. 그리고 한동안은 효정 씨와 말을 하지도 않으려고 합니다. "너는 너밖에 모르는 애다"라는 말만 반복합니다. 그날 저녁 남편과의 대화로 엄마가 싸늘했던 이유를 알게 되었습니다.

엄마가 사위에게 효정 씨 월급이 얼마인지 물어보았기 때문이지요. 최근 회사에서 승진하며 연봉이 올랐지만, 엄마가 평소에 효정 씨에게 경제적으로 의존하는 것이 부담스러워 엄마에게는 말하지 않고 있었습니다. 그걸 몰랐던 남편은 효정 씨가 얼마나 유능한지에 대해 알리고자 효정 씨의 월급을 이야기했지요.

그것은 남편이 장모님을 잘 몰라 저지른 실수였습니다. 남편은 장모님이 딸의 한 달 수입에 비하여 자신이 받는 용돈 금액을 계산하고 서운함과 괘씸함을 느낄 줄 몰랐습니다.

효정 씨는 이런 엄마의 특성에 대해 남편에게 설명하며 앞으로 어느 부분에서 말을 조심해야 하는지 언질했습니다. 그 이야기를 들은 남편은 엄마에게 자신의 기쁨을 마음껏 나누지 못하고 숨겨야 하는 딸 사이를 마음 아프게 여겼다고 합니다.

엄마의 욕구를 채우는 딸

자녀에게 정서적 허기짐을 주는 부모는 효정 씨의 엄마와 참 닮았습니다. 이들에게는 '사랑'이라는 본질이 생략되어 있습니다. 인내하고 희생하며 기쁨을 축하해 주고 행복을 빌어 주는 사랑의 개념이 낯섭니다.

자신은 사랑이라 생각하지만 상대가 자신에게 어떠한 기능 또는 역할을 해 주리라는 기대가 충족되어야만 사랑이 가능하지요. 그 대상이 자녀라도 마찬가지입니다.

언젠가는 불쌍한 엄마를 구원해 줄 딸, 나에게 돈을 벌어서 집 한 채를 사 줄 딸, 부족한 자신을 돋보이게 만들어 주는 능력 좋은 딸이라는 역할과 조건이 있습니다. 이를 충족해야 딸을 사랑할 수 있지요.

효정 씨의 엄마는 자신의 욕구를 효정 씨가 채워 주기를 당연하게 바랐습니다. 효정 씨는 늘 엄마의 허기짐을 채워 주는 대상이 되어야 했고, 자신의 허기짐은 늘 방치되어 있었지요.

자신이 무언가를 해야만 보답으로 돌아온 조건적인 사랑이 익숙한 효정 씨에게 무조건적인 사랑은 결핍 그 자체였습니다. 효정 씨는 드라마 주인공처럼 자신을 추앙해 주는, 다시 말해 무조건적인 사랑을 주는 대상을 원하는 마음이 클 수밖에 없었지요.

"저는 아무에게도 받지 못하는 것 같아요. 엄마는 내 삶을 갈아서 엄마의 허기짐을 채우려고 했어요. 나에게는 그런 사랑을 주는, 나를 추앙해 주는 사람이 아무도 없다는 게 너무 슬퍼요."

그러면서도 효정 씨는 이제 눈이 막 뜨인 것처럼 엄마가 생생히 보인다고 합니다. 작은 것에 서운함을 느끼고 때로는 자신을 이용하기도 하는 엄마를 마주했지요. 엄마의 결핍을 채우고자 이용되었던 딸로서의 자신을 안타까워할 수 있게 되었습니다.

이제 효정 씨는 엄마의 서운함을 책임지지 않기로 했습니다. 그 서운함은 과도한 기대이고 자신이 달래 주어야 할 몫이 아님을 상기했습니다. 엄마가 용돈을 더 달라고 직접 요청할 때까지 기다렸습니다. 자신이 서둘러 엄마의 욕구를 충족해 주지 않기로 합니다.

효정 씨는 자신을 위해, 엄마를 위해 엄마의 기대를 조금씩 좌절시키기로 결심합니다. 엄마가 딸에게 포기해야 하는 것들을 스스로 알게 되기까지 계속 기다렸습니다. 효정 씨 역시 자신을 '엄마에게 무언가를 주지 않는 나쁜 딸'이라는 왜곡된 감정을 지우기로 결심했습니다.

아빠를
미워하는 마음

상처 입은 딸은 종종 엄마와 자신이 한 몸이자 한 덩어리인 듯한 느낌에 대해 이야기합니다. 반면 아빠는 불쌍한 모녀를 공격하는 나쁜 세력으로 등장하지요. 왜 이런 현상이 나타날까요?

가족치료 이론을 펼친 보웬은 가족 구성원이 '미분화된 가족 자아 덩어리'가 될 경우 가족 문제가 발생한다고 이야기합니다. 미분화된 가족 자아 덩어리란 가족 구성원이 서로 한 몸인 것처럼 영향을 깊이 주고받는 상태를 의미합니다.

분화 수준이 높은 사람은 자신의 감정과 엄마 또는 아빠의 감정을 구별할 수 있습니다. 융합되지 않고 독립적인 사고와 감정을 가지지요. 엄마가 우울해해도 나는 불안하지 않고, 아빠가 화를 내도 과제나 업무 등 해야 하는 일을 할 수 있습니다.

하지만 미분화된 정서 체계를 가진 가족 구성원은 자신의 감정과 타인의 감정이 다르다는 사실을 받아들이기 힘들어 합니다. 그중에서도 특히 딸은 엄마의 감정에 영향을 많이 받습니다.

폭력이나 술, 도박, 외도와 같은 문제가 아빠 쪽에 있는 경우에 딸은 엄마와 한 덩어리가 되기 쉽습니다. 엄마가 가여운 딸은 엄마의 감정과 욕구를 대신 채워 주는 삶을 살게 됩니다. 이것이 반복되고 익숙해질수록 결국 자신을 잃어버리는 데도 말이지요.

분화 수준이 낮은 엄마

분화 수준이 낮은 엄마는 딸의 감정을 받아 주기 힘들어합니다. 또한 자신이 남편 또는 타인으로부터 경험한 상실감과 슬픔, 분노를 혼자 처리하기를 버거워합니다. 따라서 딸을 희생양으로 삼아 자신의 감정을 표출합니다.

부부가 크게 다투고 난 뒤 딸은 엄마를 끌어안고 토닥입니다. 슬퍼하는 엄마의 눈물을 닦으며 엄마와 함께 웁니다. 마음속으로는 엄마를 힘들게 만든 아빠를 미워하며 엄마와 감정을 하나로 공유합니다. 아이가 네 살이어도, 일곱 살이어도, 열 살이어도 상관없이 말이지요.

분화 수준이 낮은 부모는 자신들이 싸울 때 자녀가 얼마나 두려움에 떠는지 보지 못합니다. 자녀들은 그 감정의 소용돌이 속에서 온몸을 떨며 공포를 몸으로 받아 냅니다.

심지어 부모는 자신의 슬픔을 아이 앞에서 표현하고, 아이의 감정은 계속해서 얼어붙습니다. 이것이 자녀들에게 얼마나 가혹한 정서적인 학대인지를 안다면 부모는 자녀 앞에서 갈등을 보이지 않기 위해 몸부림쳤을 것입니다.

이러한 상처는 자녀가 성인이 되어 스스로 해결해야 합니다. 조절되지 않는 감정, 끝없이 추락할 것 같은 정서적인 외로움, 살을 파고드는 죄책감, 불편함에 얼어버리는 감정들이 삶을 살아가기 버겁게 만듭니다.

하지만 이 감정이 무엇 때문인지 알 수 없습니다. 딸은 엄마가 나를 자신의 편으로 만들어서 긴장감과 불안을 해소하려고 했다는 사실을 인식하지 못합니다.

엄마의 감정을 받아 낸 뒤 "너라도 있어서 산다", "네가 있어서 엄마가 버틸 수 있다"라는 말로 삶을 버텼던 딸들이기 때문입니다. 그 말에서 자신의 존재감을 느꼈기에 그것이 얼마나 가혹한 태도인지를 깨닫지 못하지요.

그러면서 현재 자신의 감정을 능숙하게 조절할 수 없는 자신을 탓할 수밖에 없습니다.

삼각관계에
휘말린 딸

보웬은 가족 안에서 갈등이 있을 때 타인을 끌어들여서 긴장감과 불안을 해소하려는 관계 유형을 '삼각관계(Triangles)'라고 정의합니다.

삼각관계에 휘말린 딸은 아빠에 대한 미움을 감당하지 못해 괴로워합니다. 그러다가 심리상담을 진행하며 점점 삼각관계의 구조를 점차 인식하게 됩니다.

결국 아빠가 악마이지도 않았고, 엄마도 천사가 아니었다는 현실을 바로 보게 되지요. 엄마가 스스로만 돌봄 받기를 원했던 취약하고 미성숙한 사람이라는 사실을 깨닫는 순간, 딸은 지각이 흔들리는 듯한 고통을 경험합니다.

지금까지 천사 같은 엄마와의 진한 친밀감 속에서 겨우 숨을 쉬며 살았는데, 이제는 엄마도 아빠도 어느 곳 하나 붙들 곳이 없어졌기 때문입니다. 황량한 초원에 버려진 듯한 느낌을 받으며 깊은 좌절과 슬픔의 고통을 느끼게 됩니다.

하지만 바로 그때 흔들리는 지반을 딛고 일어서기 시작하면 엄마와 이어져 있던 감정 뒤편에 가려진 아빠가 보이기 시작합니다. 아빠에 대한 감정은 자신이 경험한 아빠에 대한 미움 30퍼센트에 엄마의 분노 70퍼센트가 더해진 감정이었지요.

그 후 점차 아빠와 나름의 친밀감을 쌓게 됩니다. 엄마의 분노를 덜어내자 나를 챙겨 주고 마음을 써 주었던 다정한 아빠의 모습이 기억 속에 떠오릅니다. 엄마와 딸이 하나로 묶여서 늘 외로워했던 아빠의 슬픈 뒷모습을 보게 되기도 하지요.

상처 입은 딸은 실체가 없던 아빠에 대한 미움의 근원을 알게 되니 해방감을 경험합니다. 그러면서 아빠를 미워하면서도 때로는 사랑받았던 기억을 떠올리고 다행스러움과 감사함을 느끼기도 합니다.

진짜 아빠를 마주하다

소현 씨는 처음 상담을 받으러 왔을 때 아빠로부터 폭력에 시달리며 고통받았던 엄마에 대한 가여운 마음이 가득했습니다. 그런데 상담을 하면서 아빠의 감정이 극단으로 치닫도록 따졌던 엄마의 모습, 아빠가 싸움을 멈추려 했지만 뒤쫓아 아빠에게 욕설을 하던 엄마의 모습이 점차 떠올랐습니다.

드디어 엄마에 대한 불쌍함과 가여움의 포장지가 벗겨진 것이지요. 자신의 감정을 어쩌지 못해서 아빠와 자신에게 쏟았던 엄마의 모습을 보았습니다. 그러면서 그동안 보지 못했던 아빠에 대한 여러 감정들 또한 경험하게 되었습니다.

소현 씨에게 아빠는 그저 너무나 두려운 존재, 엄마를 괴롭게 하는 존재였습니다. 하지만 엄마 때문에 고통스러워했던 아빠의 표정이 보이기 시작했습니다. 엄마로 인해 자신이 겪었던 마음의 고통을 아빠도 느꼈을 것이라 생각하게 되었습니다. 그러면서도 늘 혼자였던 아빠의 외로움을 생각하며 안타까움을 느끼기도 했습니다.

소현 씨는 아빠에게 용기내서 연락을 했습니다. 다행히 소현 씨의 아빠는 연락을 받고 딸을 공포에 떨게 했던 자신의 행동에 대해 사과했습니다.

하지만 이와 반대로 엄마는 소현 씨가 받았던 상처를 받아들이지 않았습니다. 소현 씨가 아빠와 연락하며 지낸다는 사실을 알자 "그럼 나랑은 인연을 끊자"라며 화를 냈습니다. 이로써 소현 씨는 엄마와 거리를 두게 되었다고 합니다.

처음에는 이러한 과정이 소현 씨에게는 매우 큰 혼란이었습니다. 하지만 점점 엄마의 한계를 받아들이고, 또 아빠와 지금이라도 교제하며 친밀함을 누리게 된 것을 감사히 생각하게 되었습니다.

이처럼 상처 입은 딸이 가진 아빠에 대한 미움과 분노 아래에는 엄마의 감정이 덧씌워져 있을 수 있습니다. 각자의 속도로 언젠가는 분노의 그림자를 벗고 아빠를 제대로 볼 순간을 마주할 것입니다.

엄마의 감정을 내려 두고 아빠를 만나게 될 때 자신이 그토록 누리고 싶었던 아빠를 만날 수 있습니다. 아빠 또한 엄마에게 빼앗겼던 자녀를 찾은 듯한 기쁨을 누릴 수 있지요.

상처 입은 딸로
살아가는 삶

상처 입은 딸은 살면서 정서, 욕구, 자존감, 인간관계 등 다양한 영역에서 어려움을 겪습니다. 저는 이것을 '생존자로서의 삶의 흔적'이라고 말합니다. 먼저, 상처 입은 딸이 겪는 심리적인 어려움들에 대해 이야기하려고 합니다.

자기비난에
자주 시달리는 딸

상처 입은 딸은 자신의 힘든 감정이 누군가에게 이해받거나 받아들여졌던 경험이 매우 적습니다. 유년기부터 겪었던 상황적인 고통 역시 많지요. 부모님의 갈등을 비롯하여 미묘하게 이루어지는 정서적인 학대들은 '나에게 문제가 있어서 벌어지는 일'이라는 부정적 자아상을 만듭니다.

부정적 자아상은 대인관계에서 갈등이 생기거나 어떠한 상황에 문제가 생기면 자신의 탓부터 하게 만듭니다. 자신과 관계없는 일이라도 '나에게 무언가 잘못된 것이 있어서 벌어진 일이야', '내가 뭘 잘못했을까', '나는 왜 항상 이 모양일까', '나 같은 사람은 없어져야 해'와 같은 식으로 끊임없이 자신을 비난하지요. 그러다 보니 지나치게 다른 사람을 책임지려고 하거나, 자신을 희생하는 삶을 살기 쉽습니다.

이런 딸에게 필요한 것은 과거 경험했던 고통스러운 일들에 대한 책임 소재를 분명하게 밝히는 일입니다. '네 잘못이 아니다', '너로 인해 생긴 일이 아니라 부모인 우리가 미성숙하고 부족했기 때문에 벌어진 일이었다', '너는 고통스러운 삶에 굴복되지 않은 강인한 아이일 뿐이야'라고 확신을 주는 부모가 필요합니다.

지금까지는 이 다독임과 진실을 밝혀내려는 과정이 생략되어 있었습니다. 그래서 받아들이기 힘든 정서적 고통의 문제를 스스로에게서 찾을 수밖에 없었지요.

감정조절을
어려워하는 딸

상처 입은 딸의 엄마는 대부분 자신의 감정과 내면세계에 대해 무관심하거나 미성숙합니다. 그러다 보니 딸로부터 위안을 얻거나 딸에게 자신의 욕구와 감정을 맞춰야 한다는 무의식적 강요를 하지요.

엄마에게 늘 맞추기 위해 자신을 억압해야 했던 딸은 성인이 되어서도 자신의 내면세계를 다루는 일이 서툽니다. 감정과 욕구를 그대로 표현하고 느끼는 것이 허락되지 않았기 때문이지요. 오래 전부터 마음을 마비시켜야 했습니다.

그런 탓에 화가 나고, 밉고, 질투하고, 서운함을 느끼는 등 자신의 상태를 알리는 감정을 '나쁘고 추한 마음'이라고 생각하게 됩니다. 그것을 꺼내면 실망할 엄마, 힘들 엄마, 처벌할 엄마로 인해서 감정 자체를 억누르는 것에 익숙합니다.

우리가 기억해야 할 사실이 있습니다. 당신의 어떠한 감정이든 받아들여져야 하고 이해받아야 했다는 것이지요.

세 살 아이를 한번 떠올려 볼까요. 아이가 즐거울 때 마음껏 소리를 지르며 웃는 표현, 슬플 때 엉엉 우는 표현, 질투가 났을 때 입을 삐죽거리는 표현, 실망했을 때 잔뜩 웅크리고 시무룩한 표현, 등을 돌리며 토라진 표현 등 그 어느 것 하나도 아이가 표현하면 안 되는 감정이란 없습니다.

감정은 아이 존재의 표현입니다. 당신의 감정 역시 언제나 존중되어야 했고 관심을 받아야 했음을 기억할 필요가 있습니다.

우리가 존중받지 못했기 때문에 감정을 나쁘다고 판단하고 무가치하게 느끼는 것뿐입니다. 상처 입은 딸은 이 메시지로 감정의 타당성을 부여하고, 감정을 허락해 주고, 감정의 가치를 인정하는 연습이 필요합니다.

공허함을
자주 느끼는 딸

상처 입은 딸은 심리적으로 텅 비어 있는 듯한 느낌을 자주 받습니다. 감정을 억압하고 숨기는 것에 익숙해지면 고유한 자신에 대한 감각을 점점 잃어버립니다.

감정을 표현하는 것은 위험한 일이자 처벌받는 일, 누군가를 힘들게 하는 일로 경험해 왔기 때문이지요. 하지만 감정과 욕구에 대해 생생하게 알아차릴 수 있어야 '나'에 대한 감각이 선명해집니다.

상처 입은 딸은 공허함과 무가치함 속에서 '살아 있음'을 경험하기 위해 각자의 방법을 선택합니다. 어떻게 해서라도 스스로 살아 있다고 느끼고 싶어 하지요.

때로는 그 방법이 자기 파괴적이라고 하더라도 끝없는 공허함보다는 낫기 때문입니다. 어떤 이들은 자해를 할 때 느껴지는 저릿한 감각을 통해 자신의 살아 있다고 느낍니다.

심리학자이자 정신분석학자인 브루스 D. 페리는 《당신에게 무슨 일이 있었나요》에서 자해가 반복되는 이유에 대해 신경생리학적인 이유로 설명합니다.

만성화된 트라우마를 겪은 사람들의 뇌는 자신을 보호하기 위해 감정과 자신을 '해리'합니다. 이러한 해리 반응이 있는 사람이 자해를 하면, '오이오피드'라는 많은 양의 호르몬이 분비됩니다. 이 호르몬은 마약을 한 것처럼 일시적으로 고통스러운 감정이 진정되는 느낌을 주고, 기분을 좋게 만들어 줍니다.

어떤 딸은 자해 대신 쇼핑과 SNS 중독, 성관계에 몰두할 때 분비되는 강렬한 호르몬을 통해 살아 있음을 느낍니다. 또 다른 딸은 성공과 성취에 몰두하며 자신의 공허함을 대신 채웁니다.

마찬가지로 누군가는 부모가 자신에게 기대하는 모습으로 두 꺼운 가면을 쓰고 살아갑니다. 타인의 요구와 타인의 기대에 맞춰 살아가며 자신의 존재감을 그 가면으로 대체하지요.

고통에 빠져 있고 공허하다는 느낌을 직접 경험하지 못할 정도로 자신과 단절되어 있는 경우에는 몸이 신호를 보냅니다. 그런 사람들은 건강을 과도하게 염려하거나 몸이 자주 아프지만 뚜렷한 병명이 없습니다.

이렇듯 상처 입은 딸은 나에 대한 느낌이 무감각해져도, 감정이 느껴지지 않더라도 삶을 포기하지 않기 위해 애를 씁니다.

피투성이라도
살아 있어 주어 고맙다

우리가 가진 생명력은 '살아 있음'을 느끼기 위해 각자의 방법을 찾습니다. 누군가의 방법은 앞서 말한 것처럼 자기파괴적입니다. 하지만 이러한 방식을 누가 잘못된 것이라고 비난하거나 탓할 수 있을까요. 피투성이라도 살아 있기를 소망하는 강인한 생명력을 지닌 사람이라는 증거입니다.

내면을 치유하는 과정에서 이러한 상흔들이 우리의 감정과 내면을 다시금 지배할 때도 있습니다. 이럴 때일수록 자신이 어떠한 방식으로 고통에 대처해 왔는지를 정확하게 볼 수 있어야 합니다. 그래야 습관처럼 하는 생각과 충동적인 행동을 멈출 수 있습니다.

그렇게 목이 졸리듯 그저 지배당했던 생각과 감정을 조절해 나가기 시작합니다. 그 순간에는 다시금 과거의 방식으로 자신을 보호했어도, 자신을 잃어버렸어도, 며칠이 지난 후라도 자각하게 됩니다. 그리곤 자신이 힘들 때 어떻게 감정을 억압하고, 생각이 어떻게 자기 자신을 파괴하려 하는지 점차 분명해지죠.

어떤 상처라도 이것은 감옥 같았던 어린 시절부터 살아남기 위해 마음이 만들어 낸 보호 장치였음을 깨닫길 바랍니다. 당신의 문제이거나 당신이 나빠서, 당신의 성격 탓이 아닙니다. 전쟁터에서 살아남느라 버티며 얻은 흔적일 뿐이지요.

이러한 자신을 연민의 마음으로 또는 대견한 마음으로 바라볼 수 있다면 참 좋겠습니다. 그 비난과 경멸 분노의 화살이 난무하는 정서적 전쟁터를 지나느라 얼마나 두려웠을지 고통스러웠을지 상상조차 되지 않습니다.

그럼에도 피투성이라도 살아 있어서, 생존해 주어서 고맙다고 저와 당신에게 전하고 싶습니다.

1장 내 불안의 시작과 끝, 엄마

2장

엄마 때문에

참 많이도

아팠다

피해자 엄마,
가해자 딸

자영업을 하는 시연 씨 엄마는 최근 장사가 잘 되지 않자 시연 씨에게 연락을 했습니다.

"내가 요즘 너무 힘드니 백만 원만 보내라. 그 돈 없으면 엄마가 불안해서 죽을 것 같다."

시연 씨는 엄마의 요구에 당황했습니다. 장사가 잘 되지 않는다고 해서 갑작스럽게 생계가 어려워지는 것도 아닌 엄마의 사정을 알고 있었기 때문입니다.

갑작스럽게 백만 원을 요구하는 엄마가 너무하다 싶으면서도 돈을 주고 싶지 않은 마음을 갖는 자신에 대한 자책이 몰려왔습니다. 사회 초년생이었던 시연 씨에게 당장 백만 원을 마련하는 것은 부담이 되는 일이었습니다.

엄마의 부탁을 거절했을 때 돌아오는 반응

시연 씨는 이처럼 매번 반복되는 엄마의 강도 높은 요구에 지쳤습니다. 하지만 엄마의 기대를 실망시키는 것이 너무 두려웠습니다. 엄마가 매번 극단적으로 감정을 표현하는 탓에 늘 엄마의 요구에 끌려 다닐 수밖에 없었습니다. 시연 씨는 상담을 진행하면서 엄마의 요구를 부분적으로 거절할 용기를 냈습니다.

"엄마, 갑작스럽게 백만 원을 마련하기는 힘들어. 백만 원이 필요한 이유가 뭔지 내가 이해할 수 있게 설명해 줘. 생활이 어려우면 생활비 정도는 줄 수 있어."

시연 씨는 늘 엄마의 요구를 완벽하게 모두 거절하기는 어려웠습니다. 그래서 자신이 할 수 있는 최소한의 거절로 자신의 한계를 표현했습니다. 그러면서도 엄마를 돕고 싶은 마음도 전했지요. 하지만 돌아오는 대답은 시연 씨를 무너뜨렸습니다.

"너는 엄마가 백만 원 달라고 하면 그냥 순종하지. 뭐 하나하나 따지려고 해? 너는 엄마가 불안해서 머리통이 깨져서 죽고 나서야 나중에 후회할래? 이럴 때 보면 진짜 너는 이기적이야. 너희 아빠랑 똑같아."

그 순간 시연 씨는 이제까지 자신을 왜 '이기적인 딸'이라고 생각하게 되었는지 단번에 이해했다며 슬퍼했습니다. 그 뒤로 자신을 지키기 위해 잠시 엄마와 거리를 두었습니다. 얼마 뒤 시연 씨에게 문자 한 통이 왔습니다. "옆집 아저씨가 엄마한테 백만 원 주기로 했다. 너는 딸이라는 게 옆집 아저씨보다 못하네"라는 엄마의 문자였습니다.

영웅이자 구원자 역할을 해야 하는 딸

시연 씨의 엄마처럼 정서적으로 미성숙한 부모들은 관계 패턴에서 피해자와 가해자를 만듭니다. 또 그 사이에서 구조자의 역할을 만들어 왜곡된 역할 연기를 반복하는 삶의 패턴을 보입니다. 이러한 심리적 게임에 대해서 교류분석 심리학자 가프만은 '드라마 삼각형(Drama triangel)'이라고 설명했습니다.

이 드라마 삼각형에는 박해자와 구원자, 희생자가 등장합니다. 희생자는 무의식적으로 자신을 억누르는 역할을 맡을 박해자를 찾습니다. 또는 희생자가 가진 왜곡된 신념인 '스스로는 할 수 없다'를 확인해 줄 구원자를 찾기도 합니다.

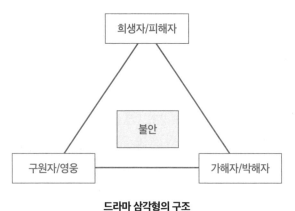

드라마 삼각형의 구조

시연 씨의 엄마는 시연 씨와 관계없이 과거부터 불안이 높은 사람이었습니다. 불안을 어떻게 다루어야 할지 모르는 탓에 그 불안을 대신 처리해 줄 대상이 필요했습니다. 엄마를 너무 사랑해서 엄마의 무리한 요구도 들어 주었던 시연 씨가 그 대상이 되었지요.

엄마는 공과금을 수납하는 아주 작은 일부터 가게를 계속 운영할지 말지 등 삶의 대부분을 시연 씨가 결정해 주길 원했습니다. 시연 씨는 엄마의 불안을 구원해 주는 영웅이 되어야 했지요.

하지만 시연 씨가 엄마의 요구에 불편한 기색을 보이면 매서운 모습으로 변했습니다. 곧장 '엄마를 돕지 않고 버려두는 나쁜 딸'이라고 비난하며 시연 씨를 가해자로 만들었습니다.

그럴 때면 시연 씨는 자신을 불쌍한 엄마를 홀로 내버려 두는 악마 같다고 생각했습니다. 시연 씨는 가해자가 되지 않기 위해 가여운 엄마를 돕는 구원자가 되어야 했습니다.

상담을 이어 가며 시연 씨는 자신이 엄마의 요구를 거절했을 때 밀려드는 왜곡된 생각을 하나하나 분별하기 시작했습니다. 시연 씨는 마음을 정리하고 엄마에게 다시 말했습니다.

"엄마 돈이 필요하면 나에게 왜, 얼마나 돈이 필요한지 이야기해 줘. 백만 원은 내가 당장 마련하기 힘든 돈이야. 내가 줄 수 있는 돈은 삼십만 원 정도야.

엄마를 돕고 싶지 않아서가 아니라 내가 그 이상은 마련하기 힘든 상황이야. 그리고 엄마에게 당장 백만 원을 주지 않는다고 해서 내가 이기적인 딸은 아니야."

시연 씨는 이렇게 말하면서 일종의 해방감을 누렸습니다. 자신이 어떻게 행동해야 엄마의 드라마 삼각형에 포함되지 않을지 알게 되었기 때문입니다.

이후로도 무엇인가를 요구하는 엄마의 연락을 받았지만 시연 씨의 태도는 달라졌습니다. 엄마의 구원자가 되어야 한다고 스스로를 압박하지 않았습니다. 엄마가 자신을 가해자로 전락시키는 패턴에 휘말리지 않고 마음의 중심을 잡기 위해 노력했지요. 그리고 엄마의 독립성을 믿으며 드라마 삼각형에서 빠져나오기 시작했습니다.

놀리는 엄마,
수치스러움을 느끼는 딸

가족치료 연구자인 윈은 1954년부터 조현병 환자 가족에 관한 연구를 시작했습니다. 그중에서도 가족 내 의사소통 유형과 역할관계에 주목하면서 1958년 '거짓 상호성'과 '거짓 적대성'에 대한 개념을 소개했습니다.

거짓 상호성은 가족 간의 친밀한 상호작용이 진실되기보다는 거짓된 모습임을 나타내는 용어입니다. 거짓 상호성을 가진 가족은 서로가 친밀한 모습을 보이는 것에만 몰두합니다. 그러다 보면 보이는 친밀함을 유지하기 위해 갈등을 피하는 가족 분위기가 형성됩니다.

친밀한 척 상처 주는
거짓 적대성

거짓 적대성은 상처 입은 딸이 자주 경험하는 관계 방식 중 하나입니다. 가족끼리 자신의 진짜 감정으로 상호작용하기보다는 거리를 두거나 적대적인 방식으로 소통하는 모습을 의미합니다. 이들은 소통 중 직접적으로 진심을 전달하면서 경험하는 친밀감을 나누는 과정이 어렵습니다.

그래서 다른 사람에게 상처를 주는 방식으로 소통하며 친밀감에 대한 욕구를 채우고자 합니다. 불만족스러운 부분이나 감정을 우회적으로 표현하면서 위장합니다. 이러한 소통 방식은 상대방에게 혼란스러움을 줍니다.

채린 씨는 엄마에게 칭찬인지 비난인지 모를 농담을 자주 들었습니다. "에이그, 네 하마 같은 엉덩이 어떻게 하니?", "꼬불꼬불한 머리카락 보고 아프리카인이 친구하자고 하겠다"라는 말처럼 말이지요.

채린 씨는 이런 엄마의 말을 듣고 온 가족이 웃으며 맞장구치는 모습을 볼 때 불쾌함을 느낍니다. 하지만 기분 나쁜 티라도 내면 "넌 농담 한마디 던진 걸 가지고 뭐 그렇게 예민하게 받아들여"라는 또 다른 비난을 받습니다. 이런 상황을 피하기 위해 채린 씨는 그저 멋쩍은 웃음만 짓고 있습니다.

전형적으로 거짓 적대성을 사용하여 소통하는 방식입니다. 정서적으로 미성숙한 엄마는 자신의 정서를 어떻게 표현해야 할지 모르기 때문에 딸의 자존감을 손상시키는 소통을 합니다.

이러한 엄마와의 소통은 채린 씨에게는 늘 곤욕스럽습니다. 채린 씨는 엄마와 다정한 말을 나누고 서로를 인정해 주기를 원했습니다. 하지만 엄마와 대화할 때면 채린 씨의 마음에는 엄마를 향한 적개심과 스스로에 대한 수치심이 몰려옵니다.

불편하다고 말해도 괜찮다

채린 씨는 상담을 이어 가면서 자신이 경험하는 불편한 감정을 인정하기까지 꽤 오랜 시간이 걸렸습니다. 엄마와 오랜 기간 이런 방식으로 상호작용했기 때문입니다. 채린 씨는 지금까지 '다른 가족들은 웃으면서 넘어가는 장난 한 마디에도 과민하게 구는 문제 있는 성격'이라고 스스로를 정의하고 있었습니다.

이러한 가족 분위기 속에서 자신의 불쾌함을 표현하기까지 참 많은 용기를 내야 했습니다. 채린 씨가 가족의 거짓 친밀감을 깨기 위해 차츰 차츰 용기를 내자, 견고했던 가족 간 소통 방식에 조금씩 금이 가기 시작했습니다.

"하마라는 말은 나한테 상처를 주는 말이야."
"그렇게 표현하면 나는 좀 불쾌해."
"이제 그렇게 놀리지 않았으면 좋겠어."

초기에는 가족들이 채린 씨를 예민하고, 가족 분위기를 어색하게 만드는 문제아로 낙인찍었습니다. 하지만 채린 씨는 계속해서 자신의 감정을 표현했습니다. 가족들은 더 이상 그러한 방식으로 채린 씨에게 상처 주는 말을 하지 않게 되었습니다.

자녀가 상처되는 말을 들었을 때 그 마음이 어떠할지 헤아릴 수 없는 부모는 생각보다 많습니다. 또한 서로 상처를 주며 흠을 내고 가짜 친밀감을 나누는 소통 방식이 우리 가정 안에 곳곳에 숨어 있습니다. 채린 씨처럼 그 진실을 드러내고자 하는 한 사람만 있다면 가족 분위기는 얼마든지 달라질 수 있습니다.

희생하는 엄마,
죄책감을 느끼는 딸

영화나 드라마에 나오는 엄마는 흔히 희생하는 모습으로 묘사됩니다. 딸에게 맛있는 반찬을 양보하고, 자신이 힘들어하는 모습을 보면 딸이 마음 아파할까 봐 숨어서 웁니다.

희생하는 엄마, 자신의 모든 어려움을 참고 사랑의 힘으로 힘든 삶을 이겨내는 엄마는 참 누리고 싶은 엄마의 모습입니다. 그런데 상담소를 찾아오는 딸들 중 일부는 이러한 희생적인 엄마의 모습 때문에 괴로워합니다. 그들은 이렇게 말합니다.

"엄마는 저를 위해 정말 많은 희생을 하셨어요. 저 공부시키려고 밤늦도록 일하시고, 밥도 챙겨 주시고요. 그런데 저는 그런 엄마의 기대를 채워 주지 못해서 늘 미안해요."

이들의 기억 속에 머무르고 있는 엄마는 자식을 위해 많은 희생을 하느라 지쳐 있고, 힘들어하는 모습입니다. 이들은 힘든 엄마에게 힘이 되어 주기 위해 많은 노력을 다 합니다.

시장에 함께 나가 엄마의 소일거리를 돕기도 하고, 밤늦은 시간에는 엄마가 어디에 있든 배웅을 나갑니다. 월급날이 되면 엄마가 가지고 싶어 했던 옷과 가방을 선물하기도 하고, 휴무 날에는 친구들보다 엄마와 함께 여행을 다닙니다. 그러면서도 늘 엄마에게 빚을 진 듯한 미안한 마음을 지울 수가 없습니다.

자식을 위한 희생이라는 핑계

그런데 어떤 엄마는 자신의 욕심을, 불안을 '자식을 위한 희생'으로 포장하기도 합니다. 정서적 친밀감이 두려워서 들였던 노력이었지만 말이지요.

예를 들어, 엄마는 집안의 경제 상황도 어느 정도 자리를 잡았고, 모든 면에서 여유로운 시기임에도 자신을 위해서 돈을 쓰기 어려워합니다. 심지어는 딸이 준 선물을 돈이 아깝다는 이유로 다시금 백화점에 찾아가 환불을 하기도 하지요.

이런 부모들의 마음 다른 한편에는 자녀에 대한 불신, 사람에 대한 불신이 있습니다. 자녀가 부모를 위해 하는 노력은 힘이 되지 않습니다. 자녀가 돈을 벌어 부모님에게 용돈을 줘도 사양합니다. 오히려 그런 자녀를 꾸짖기도 합니다. 자녀의 마음을 고마움으로 돌려주지 못합니다.

부모의 희생을 보고 자란 자녀들은 그 희생을 마음의 빚이라고 생각하기도 합니다. 자녀들은 일방적인 희생보다는 부모가 행복해하는 모습, 부모가 자신의 삶을 누리고 든든하게 서 있기를 바라는 마음이 큽니다.

희생과 사랑은 상호관계적입니다. 힘들지만 자녀를 보고 힘든 상황을 견딜 수 있는 것, 자녀는 부모를 가엾게 여기지 않고 행복해하는 것이 사랑입니다.

대물림되는 희생

딸은 엄마의 고단한 삶을 자신이 책임져야 할 것 같다는 책임감을 가지고 삽니다. 엄마가 자신 때문에 늘 힘들게 삶을 산다고 생각하고, 엄마의 그림자를 보며 죄책감으로 마음이 눌립니다.

문제는 이러한 상황이 대물림된다는 것입니다. 평생 자신을 위해 희생했던 엄마를 마음에 담고 산 딸은 자신의 마음을 돌보기가 어렵습니다.

상담 중 "선생님 내 마음이 너무 어려워요", "싫다고 이야기하면 죄 짓는 것 같아요"라는 말을 자주 듣습니다. 자신을 돌보고자 하는 감정과 욕구를 마치 힘든 부모를 배신하는 이기적인 마음이고 생각하는 것이지요.

그래서 딸은 다른 사람을 위해 사는 헌신적인 삶에 익숙해집니다. 힘든 내색을 하지 않고 자기 생각이나 감정을 표현하지 않는 사람으로 변하지요. 사람들에게 착하고 배려 많은 사람으로 인정받지만, 결국에는 또 자신을 잃어버리면서까지 누군가를 보살피게 됩니다.

참된 희생은 나도 힘들지만 힘들어하는 자신을 보고 마음 아파할 자녀를 떠올리며 눈물을 참는 것입니다. 너무 지치지만 나를 보고 걱정할 자녀를 떠올리며 힘을 얻어 웃음을 짓는 것입니다. 힘든 삶에서도 자녀의 존재만으로 만족감을 얻고 감사함으로 삶을 채워 나가는 것, 사랑이 무엇인지 알려 주기 위한 몸부림 그 자체를 희생이라고 말하고 싶습니다.

자녀가 부모의 삶에 아무런 희망적 영향도 끼칠 수 없다고 느끼게 만드는 것은 희생이 아닙니다. 부모가 자신을 돌보지 못하기에 몰두할 대상으로 자녀를 선택했을 뿐이지요.

딸로서 우리가 할 수 있는 최고의 효도는 나의 삶을 풍성하게 채워 가는 것입니다. 나의 감정을 생생하게 느끼고 꿈꾸며 자기 자신으로 살아가야 합니다. 그것은 결코 이기적인 욕구가 아닙니다.

욕구불만 엄마,
유능한 딸

"선생님 저는 어떤 때는 제가 좋다가도 어떤 때는 제가 너무 싫어요. 무슨 말이냐면 내가 세상에서 제일 잘난 인간처럼 느껴지다가도 쓰레기처럼 느껴져서 혼란스러워요. 이러면 자존감이 낮은 거예요, 높은 거예요?"

주현 씨는 이른 나이에 성공한 유능한 사업가입니다. 늘 주변 사람들의 부러움을 사지만, 주현 씨의 속사정은 달랐습니다. 매일같이 자신에 대한 혼란스러움으로 스스로를 혹독하게 몰아세워야 했습니다.

자신이 '존재하고 있다', '잘 살고 있다', '나는 좋은 사람이다'라고 느낄 때는 다른 사람들의 찬사를 받을 때, 자신의 능력을 인정받을 때였습니다. 그러한 감정이 단절되면 자신의 존재가 무가치한 것 같은 양극단의 감정을 겪고 있었습니다.

어딜 가나 인정받아야 하는 과대 자기

주현 씨 같은 사람은 자신이 어딜 가든 찬사를 받아야 하며 타인의 인정을 받기 위해, 또 타인이 경탄할 만큼의 성취를 해내야 합니다. 그것들을 이루었을 때 인정받는 모습으로 자신의 존재감을 확인하지요. 이러한 방식이 무너지면 자신의 존재 또한 위협받기 때문에 결국 우울감의 나락으로 떨어지고 맙니다.

정신분석학자 하인즈 코헛은 아이는 생애 초기 행복한 상태를 유지하기 위해서 완전한 나를 만들려고 시도한다고 말합니다. 즉 자신에 대한 전지전능함을 경험하기 위해 분투하지요. 이를 '과대 자기(Grandiose self)'라고 부릅니다.

과대한 자기를 만들고 경험하는 것은 자연스러운 현상입니다. 하지만 감당할 수 없는 마음의 상처를 받거나 부모로부터 과도한 좌절감을 경험하면 '방어적 과대 자기'를 형성하게 됩니다.

발달 과정에서 경험하는 환경과 부모의 태도에 따라서 '건강한 과대 자기'냐 '방어적인 과대 자기'냐가 달라지는 것이지요.

나를 보호하기 위한
방어적 과대 자기

아이들은 부모와 정서적으로 친밀한 상호작용을 통해 세상의 중심이 자신이고 자신은 무엇이든 할 수 있다고 믿으며 성장합니다. 이를 '유아적 자기애'라고 부르지요. 유아적 자기애는 성숙한 인간으로 성장하기 위해 극복해야 할 심리적 과제입니다.

부모가 충분한 공감과 양육환경을 주면서도 적절한 좌절의 경험을 겪게 했을 때 아이는 '내가 그렇게 대단한 사람이 아닐지도 몰라'라는 좌절을 하게 됩니다. 적절한 좌절은 자신에 대한 한계를 받아들이고 건강한 자기감을 만들어 줍니다.

하지만 양육 과정에서 자신이 감당할 수 없는 정도의 좌절이 경험되거나, 부모로부터 반복적으로 공감받지 못하면 마음이 발달하지 못합니다.

이러한 경우 아이들은 과대 자기를 건강하게 발달시키지 못하고 방어적 과대 자기를 형성하게 됩니다. 부모 대신 자신이라도 스스로를 지켜야 하기 때문이지요. 즉 자신의 결핍 아래 숨어 있는 '취약한 자기'를 보호하기 위해 형성되는 일종의 방어기제입니다.

이렇듯 자신을 방어하는 것에만 초점을 맞추다 보니, 주현 씨처럼 스스로에 대한 혼란을 느끼게 됩니다. 내가 어떤 사람인지에 대한 확신이 없고 늘 흔들리는 감정을 경험하는 탓에 낮은 자존감을 가지고 있습니다.

상사를 만족시키는 것보다 힘든 엄마 만족시키기

주현 씨의 엄마는 불만이 많았습니다. 주현 씨는 엄마를 만족시키는 일이 직장 상사를 만족시키는 것보다, 힘든 거래를 따내는 것보다 힘든 일이라고 말했습니다.

엄마는 어린 시절부터 주현 씨에게 아빠에 대한 불만을 쏟아냈습니다. 음식점에 가서도 불만스러운 부분을 찾아 따지거나 자신의 앞날에 대한 우울함, 자신의 가난에 대해 불평했습니다.

주현 씨의 어린 시절 기억 속 엄마는 언제나 불평하고 신경질적이며 만족스러워하지 못하는 욕구불만인 상태였지요. 그런 엄마가 유일하게 기뻐하는 순간은 주현 씨가 무엇인가를 잘 해냈을 때였습니다. 학교에서 상을 받거나 반장이 되는 그 찰나의 순간 엄마의 미소를 보는 것이 주현 씨의 유일한 기쁨이었습니다.

주현 씨는 엄마와 감정적으로 연결되지 못했고 공감을 받은 기억이 별로 없었습니다. 언제나 엄마는 자신의 불만으로 가득했기 때문에 주현 씨는 엄마에게 위로를 받을 수도, 자신의 힘든 일을 내색할 수도 없었습니다.

주현 씨는 스스로 살아 있다는 감정을 경험하기 위해 성공할 수밖에 없었습니다. 무엇인가를 성취해야만 기뻐하는 엄마의 미소가 세상이 자신을 대하는 태도라고 생각했지요. 타인의 미소를 볼 때만이 존재감을 느낄 수 있었습니다. 반면, 무엇인가를 이루지 못하면 자신이 소멸될 것 같은 두려움이 따랐습니다.

도널드 위니컷은《천재가 될 수밖에 없었던 아이들의 드라마》에서 출산 후 엄마와 아이의 모습을 아래와 같이 표현합니다.

엄마는 품에 안은 아기를 보고, 아기는 엄마의 눈동자에 비친 자신의 모습을 본다. 이것은 엄마가 자신의 기대나 두려움 또는 욕망을 투영해 아기를 보는 것이 아니라, 진정으로 세상에서 단 하나뿐인 작고 힘없는 존재를 바라보고 있다는 것을 전제로 한다.

만약 엄마가 자신의 기대와 두려움, 욕망을 투영해 아기를 바라본다면 아기는 엄마의 눈동자에서 엄마의 근심만을 보게 된다. 아기는 엄마의 눈이라는 거울을 통해 보아야 했던 자신의 모습을 모른 채 자라고, 사는 내내 그것을 찾지 못해 헤매게 될 것이다.

주현 씨의 엄마는 좌절된 욕망과 두려움, 삶에 대한 좌절감을 잔뜩 지니고 있었지만, 자신이 어떠한 상태인지 몰랐습니다. 주현 씨는 엄마의 눈에 가득한 삶의 좌절을 대신 실현시키기 위하여 거짓 자아를 발달시켰습니다. 엄마를 만족시킬 때의 기쁨으로 자신의 존재를 확인했지요.

누군가 자신의 진짜 모습을 봐 준 경험이 없으니 주현 씨 자신조차 '성취하는 나'를 빼고는 자신에 대해 너무나 몰랐습니다. 자신이 무엇을 원하고 언제 행복한지 등을 느낄 수 없었습니다. 구멍 난 항아리에 물을 붓듯 엄마의 근심의 허기를 채우기 위해 자신의 성취에 몰두할 뿐 자신에게 집중하는 것은 사치였지요.

엄마에게서
빠져나오자

주현 씨는 심리상담을 오래 진행했습니다. 그 과정에서 엄마와 심리적으로 떨어져야 하는 아픔을 겪어야 했지요. 초기에 주현 씨의 기억 속에는 자신이 무엇인가를 성취하거나 잘했을 때

기뻐하던 엄마의 좋은 모습만 있었습니다.

하지만 점차 진짜 자신의 감정과 만나기 시작했습니다. 주현 씨가 힘들어하거나 엄마의 욕망을 충족시켜 주지 못할 때 과도하게 비난했던 엄마에 대한 기억이 수면 위로 떠올랐습니다.

성적을 잘 받지 못했을 때 '잡부나 하라'고 무시했던 엄마, 자신의 열등감 때문에 누군가를 만나고 나면 늘 상대의 험담을 했던 엄마, 지혜롭지 못하고 누군가를 쉽게 비난하는 엄마, 자신의 기준을 엄격하게 들이대는 엄마를 기억하게 되자 혼란스럽기도 했습니다.

주현 씨 스스로 자신을 억압하지 않아도 된다고 여기자 엄마의 이 모습, 저 모습이 의식 위로 떠올랐지요. 그런 뒤에야 엄마의 희생양이 되어 방어적 과대 자기를 만들어 낼 수밖에 없었던 자신을 안타까워할 수 있었습니다.

주현 씨는 점차 자신이 원하는 것들을 성취하지 못했을 때 경험하는 무가치함을 견디는 연습을 하게 되었습니다. 취약해서 숨기고만 있어야 했던 자신의 모습을 안타까워할 수 있게 되었습니다. 그러자 부족하거나 열등한 모습도 '꽤 괜찮은 나', '그럼에도 그럭저럭 괜찮은 나'로 수용할 수 있었습니다.

화가 난 엄마,
화낼 수 없는 딸

요즘 방송 프로그램에서는 사회적으로 끊이지 않는 문제인 '갑질'이라는 주제를 자주 다룹니다. 한 방송의 패널로 참석한 오은영 박사는 이러한 사회적 문제를 끊어 내기 위해서는 아이들을 잘 교육하는 것이 중요하다고 전했습니다.

우리가 아이들에게 가장 먼저 가르쳐 줘야 할 것은 '내면의 힘의 균형'을 유지하는 법입니다. 그러기 위해서는 '공격성'의 발달에 주목해야 합니다.

사람들은 통상적으로 공격성이라고 하면 나쁘고 위험하다고 느낍니다. 하지만 공격적인 것과 공격성은 다릅니다. 부모는 공격성 중에서도 성장에 꼭 필요한 '정상적 공격성(Normal Aggression)'

을 발달시켜 주기 위해 노력해야 하지요.

정상적 공격성은 자신에게 부당하게 대하는 사람에게 "왜 그러세요?"라고 말할 수 있는 공격성을 의미합니다. 정상적 공격성이 발달되어야 세상으로부터 자신을 지키고 부당한 것에 항의할 수 있습니다. 정상적인 공격성이 잘 발달하면 오히려 지나치게 공격적이지도 않게 된다는 것이 오은영 박사의 의견입니다.

당당하게 표현하지 못하는 딸

민지 씨는 정상적 공격성을 사용할 수 없어서 고민이었습니다. 처음 상담실을 방문했을 때 자신을 부당하게 대하는 사람에게 아무런 말도 할 수 없었습니다. 또 자신이 마땅히 요구해야 하는 상황인 거래처에서 수금을 받아야 할 때도 요구하지 못하여 사업적으로도 문제가 생겼습니다.

민지 씨는 '오늘은 꼭 말해야지. 당당하게 표현해야지'라고 결심하지만 거래처와 통화할 때가 되면 그렇게 행동하지 못했습니다. 상대방의 구구절절한 변명을 듣느라 정작 자신이 할 말을 하지 못하고 전화를 끊은 채 후회하길 반복했습니다.

민지 씨의 더 큰 문제는 이렇게 쌓아 둔 감정이 어느 순간 폭발한다는 것입니다. 이성을 잃고 다른 사람이 된 것처럼 욕설을 하거나 몸싸움을 하는 일이 반복되자 스스로의 행동이 이해되지 않고 두려워지기까지 했습니다.

저는 민지 씨가 과거에 엄마와 관계가 어땠는지 들여다보았습니다. 상담 초기 민지 씨는 엄마에 대해 이야기할 때 존경하는 대상이자 안쓰러운 대상으로 묘사하였습니다. 그런데 상담이 거듭될수록 민지 씨가 말하는 엄마의 모습은 처음과 많이 달라졌습니다.

민지 씨의 엄마는 언제나 화가 나 있고 민지 씨가 사소한 것이라도 잘못하면 폭력적인 모습을 보였습니다. 어느 날은 민지 씨가 거짓말을 했다는 이유로 집안의 물건을 다 부수고 던지는 탓에 민지 씨의 팔에 흉이 생겼습니다. 민지 씨는 상담을 하며 과거의 엄마를 자세히 들여다보고 엄마라는 존재가 어린 시절부터 너무 두려운 존재였다는 것을 드디어 인식하게 되었지요.

자녀는 부모로부터 극심한 학대를 당해도 부모와 평생을 함께 살아야 합니다. 따라서 마주하기 힘든 부모의 모습을 각자 다른 방식으로 방어합니다.

어떤 사람은 '내가 엄마에게 매 맞을 정도로 잘못한 게 있을 거야'라는 합리화를 합니다. 또 어떤 사람은 '엄마가 내가 잘못했을 때 따끔하게 혼을 냈기 때문에 내가 여기까지 올 수 있었어. 우리 엄마는 나를 사랑해서 그런 거야'라는 세뇌로 자신의 상처와 슬픔, 두려움, 불안을 방어합니다.

공격성의 억압이
공격적인 모습으로 바뀐다

민지 씨는 엄마의 원색적인 분노와 강렬한 감정을 경험해야 할 때마다 너무나 두렵고 공포스러웠습니다. 민지 씨는 그러한 감정 자체를 나쁘고 피해야 한다고 분류해야 했습니다.

자신 안에 화난 엄마의 모습과 유사한 감정이 느껴지면 자신이 괴물이 된 것 같은 공포를 느꼈습니다. 그렇기 때문에 마땅히 요구하고, 선을 긋고, 부당함을 전해야 하는 자신의 건강한 공격성마저도 억압해야 했지요.

이러한 공격성의 억압은 자신이 감당할 수 있는 정도의 범위가 넘어가면서 '공격적인 모습'으로 튀어나오게 됩니다. 민지 씨는 상담 중 이렇게 말했습니다.

"선생님, 제가 거래처 사람들과 이야기할 때 상대방을 무서워했던 것 같아요. 내 요구는 당연한 것인데, 이렇게 요구하다가 그 사람들이 나에게 화를 내고 엄마처럼 나를 어떻게 할까 봐 늘 불안했던 것 같아요. 그런 내가 너무 가여워요."

상담 후반부에 이르러 민지 씨는 여덟 살 때 경험한 자신의 두려움을 마주했습니다. 그리고 여덟 살의 민지를 마음의 눈으로 바라보며 말했습니다.

"얼마나 무서웠어. 얼마나 힘들었어. 얼마나 억울했어? 내가 네 마음을 알아줄게. 부당하면 부당하다고 나한테 다 이야기해. 내가 그 말을 들어줄게. 화가 나면 나한테 엄마한테 너무 화가 난다고 엄마가 싫다고 나에게 다 말해도 돼. 내가 혼내지 않고 네 이야기를 들어줄게."

민지 씨는 자신의 감정을 마주하면서 묻어두었던 억울함과 분노, 억압된 감정의 김을 빼고 허락하기 시작했습니다. 또한 건강한 공격성을 잃어버렸던 어린 시절을 애도했습니다. 분노와 강렬한 감정이 생겨도 그것을 온전히 느끼고 표현할 수 있는 방법을 찾아 나갔습니다.

우리는 억압하고 묻어두었던 감정을 의식화하고 그때의 정서를 다시 체험하며 허락해야 합니다. 그래야 우리 안에 억압되어 있던 그 감정들이 내 삶에 미치는 부정적인 힘을 잃어버리게 됩니다. 발타자르 그리시안의 《아주 세속적인 지혜》 중에서는 이러한 공격성의 억압을 아래와 같이 말하고 있습니다.

너무 선한 사람은, 곧 악한 사람이다. 화를 내지 않아 되레 악을 자초하는 경우를 만들지 말라는 뜻이다. 사람이라면 때로는 공격적인 감정도 표출할 수 있어야 한다.
건강한 음식은 쓴맛과 단맛을 모두 가진다. 단맛으로 가득한 음식은 어린아이나 어리석은 사람을 위한 음식일 뿐이다. 너무 선해서 무감각해지는 것은 악한 것과 같다.

내 모습 안에 너무 단맛만 있다면, 억압된 쓴맛이 있지는 살펴보아야 합니다. 내가 나를 지키지 못하는 이유는 사실 어린 시절 쓴맛을 보고 두려워져 숨길 수밖에 없었던 억압들로 인한 것일지 모르니까요.

완벽주의 엄마,
늘 부족한 딸

대학생이 된 효진 씨는 그동안 만났던 선생님들과 갈등이 많았습니다. 그녀는 늘 "저는 선생님 복이 너무 없어요"라고 이야기합니다. 그녀가 기억하기에는 중학생 때부터 선생님들과의 마찰이 시작되었다고 합니다.

그녀가 묘사하는 선생님들은 '자신들밖에 모르고 속은 텅텅 비었으면서 잘난 척하며 자신의 완벽주의를 누군가에게 강요하는 모습'이었습니다.

효진 씨는 대학생이 되어 만날 교수님들은 고등학교 선생님들과는 다르게 인격적으로도 훌륭하고 질 높은 수업을 할 것이라 기대했습니다. 하지만 입학하고 난 뒤 효진 씨의 기대는 완전히 무너졌지요. 효진 씨는 자신의 분노를 표출했습니다.

"교수들도 똑같아요. 번지르르하게 정장 맞춰 입고 와서 수준 낮은 강의하는 것이 역겨워요. 잘나지도 않으면서 완전히 자아도취한 사람들이."

효진 씨가 상담실에 오게 된 이유는 교수님들에 대한 실망감을 겪으면서 동시에 스스로에 대한 혼란을 느꼈기 때문입니다. 다른 친구들에게 자신의 불만을 쏟아 냈지만 그들은 자신과 다르게 생각하고 있었습니다.

효진 씨가 형편없다고 생각하는 수업을 친구들은 만족했습니다. 심지어 자아도취에 빠진 교수님을 "카리스마 있다. 존경스럽다"라고 말하는 친구들을 보자 효진 씨는 혼란스러워졌습니다.

'내가 너무 예민한가? 그러고 보니 나 혼자 왜 이렇게 화를 내고 있는 거야? 나는 왜 이렇게 선생님들을 미워할까?'

자신을 지배했던 그 분노의 감정이 계속해서 반복되자 상담실에 찾아왔습니다.

엄마에게
인정받고 싶은 마음

사실 이러한 마음은 오래 전부터 효진 씨의 마음에 머물고 있었던 욕구입니다. 결핍되어 있거나 생채기가 나 있었지만 그 사실도 인지하지 못한 채 숨겨져 있었던 마음입니다.

사랑받고 싶은 욕구, 안전해지고 싶은 욕구, 더 인정받고 싶은 욕구와 같은 욕구들은 엄마에게 가장 받고 싶었지만 불가능했습니다. 이로 인해 효진 씨는 마음의 동굴 속 저 깊은 곳에 가라앉았습니다.

효진 씨처럼 욕구가 숨겨져 있는 사람들에게 엄마 이야기를 하면 "저희 엄마는 저를 사랑했는데요? 이 이야기에서 왜 엄마 이야기를 해요?"라고 부정합니다. '엄마'라는 존재가 그렇습니다. 엄마에게 사랑받지 못했다라고 느끼게 되면 우리의 존재는 너무나 초라해집니다. 엄마에게 사랑받지 못했다는 사실은 내가 세상에서 가장 가여운 인간이라는 느낌을 줍니다.

그렇기 때문에 그 아픈 진실을 숨겨야만 한다고 생각하지요. 하지만 그렇게 억눌려져 있는 본능적 욕구는 언제라도 터질 준비가 되어 있습니다. 자신의 커다란 폭풍을 투사해도 될 대상을 찾습니다. 마침내 그 대상을 만나게 되었을 때 모든 감정들이 쏟아져 나오게 되지요.

효진 씨에게는 선생님들과 교수님들은 부모와 자신의 관계를 들여다보게 하는 '중간 단계의 관계'였습니다. 이처럼 많은 이들이 삶을 살아가다가 부모와의 관계를 들여다보는 중간 단계의 관계를 만나게 됩니다.

완벽한 엄마 때문에 힘든 딸

효진 씨는 선생님들에 대한 모습을 탐색하며 자신의 엄마와의 관계를 보게 되었습니다. 학교 선생님이었던 효진 씨의 엄마는 완벽주의에 가까웠습니다. 늘 집에 돌아오면 손을 씻고 입었던 옷은 바로바로 빨래를 하는 분이셨습니다.

주말이든 평일이든 늘 오전 여섯 시 정각에 일어나며 자신의 삶을 철저하게 통제하며 살아오는 사람이었지요. 효진 씨가 먹을 끼니도 언제나 진수성찬으로 차려 주었습니다. 완벽에 가깝게 딸을 양육했지만, 그 완벽한 엄마로부터 효진 씨는 언제나 통제와 압박을 경험해야 했습니다.

"주말이라도 일찍 일어나야지. 엄마랑 운동가자. 그렇게 게으르게 있으면 인생 어떻게 살래?"

"너는 왜 자기 관리가 안 되니? 머리카락이 그게 뭐야. 단정하게 하고 와."

"옷을 너는 왜 그렇게 입니? 여자는 언제나 단정하고 깨끗하게 옷을 입어야 해."

엄마의 완벽주의는 가까이 가면 자신을 찌르는 날카로운 칼날 같았습니다. 사실 효진 씨 엄마의 완벽주의는 자신의 불안을 감내하기 위해 만든 자신만의 삶의 규칙들이었습니다.

엄마의 불안이 효진 씨의 삶까지 침범한 것이지요. 효진 씨는 늘 완벽하게 정돈된 삶의 규칙들을 소화해 내느라 너무나 버겁고 힘들었습니다. 하지만 효진 씨는 엄마를 미워할 수도 탓할 수도 없었습니다.

엄마와의 관계는
다른 관계를 담는 그릇이다

효진 씨는 언제나 자신을 비난했습니다. '일하면서 자식 키우는 엄마도 저렇게 하는데 나는 왜 못할까', '엄마는 힘들게 일하고 와서도 여섯 시에 일어나는데 나는 늦잠을 자는 게으른 사람이야'라고 말이지요.

엄마가 대단해 보이는 만큼 자신은 엄마처럼 완벽하게 삶을 통제하지 못한다고 느꼈습니다. 효진 씨는 항상 자신이 게으르고 초라하고 잘 살지 못하는 사람인 것 같은 무력감과 절망감을 겪어야 했습니다.

있는 그대로 사랑받고 싶은 마음, 자신의 방식을 인정받고 싶은 마음, 통제당하거나 강요당하고 싶지 않은 마음은 무의식의 저편에 숨겨두어야 했습니다.

그런 효진 씨가 엄마를 닮은 선생님이라는 대상을 만나게 되니, 그 불만이 오롯이 선생님들에게 쏟아져 나왔습니다. 선생님들에게 향했던 분노의 칼날은 엄마에 대한 미움이자 복수의 칼날이었습니다.

선생님들을 미워할수록 엄마 앞에서 경험했던 무력감과 절망감이 보상되는 듯했습니다. 이런 전능감이 항상 효진 씨를 지켜주었지요.

이처럼 엄마와의 관계는 다른 관계를 담는 그릇입니다. 당신이 현재 엄마에게 화가 나 있다면 걱정하지 않아도 됩니다. 엄마에게 진실의 화살을 돌려도 자신이 무너지지 않기 때문에 화살을 엄마에게 제대로 겨눌 수 있는 것입니다.

반대로 누군가와의 반복적인 문제로 어려움이 생긴다면, 그것

이 연인이든, 친구든, 선생님이든, 남편이든, 아이이든 그 관계의
모습을 깊게 들여다보아야 합니다.

그 어려움은 사실 당신에게 아프지만 알아야 할 진실을 알려
주려는 신호일지 모릅니다. 이 연결 고리로 당신의 내면을 마주
하며 당신의 감정을 만나야 합니다. 그 속에서 자유로워지고 싶
은 진짜 자신을 볼 수 있게 되길 바랍니다.

3장

이제는
용서해야
할 때

사랑하는 엄마가
미워지기 시작한다

　심리상담을 통해 마음이 치유되는 일련의 과정에 대해 궁금해하는 분들을 자주 만납니다. 도대체 어떠한 원리와 순서로 마음의 상처가 회복될 수 있고, 어떻게 부모에 대한 분노가 처리되는가 하고요.

　현재 겪고 있는 마음의 상처가 너무 크기 때문에 섣불리 건드렸다가 상처가 더 덧나지 않을까 두려워하는 것이지요. 저 역시 그랬습니다. 내면 치유 과정에서 또 제가 만났던 내담자분들의 치유 과정에서 발견한 하나의 맥을 지금부터 함께 나누고자 합니다.

1단계:
'문제=나'라고 생각한다

상처의 고통이 마음에 가득한 상태일 때는 자기 자신을 '문제 덩어리 나'라고 생각합니다. 자신을 '상처 입은 나'라고 상처와 분리하여 인식하기조차 어렵지요.

그러면서 깊은 자책 속에 빠져 있게 됩니다. 이 모든 고통의 감정이 어디에서 왔는지, 무엇 때문에 힘든지도 모르는 탓에 압도당해 있습니다. 감당할 수 없는 고통이 자신을 힘들게 만들고 원하지 않는 생각들이 밀려와 통제할 수조차 없습니다.

그저 나만 사라지면 문제가 다 끝난다고 느껴 죽음에 대해 생각하기도 합니다. 고통 속에 빠져 있을 때 자신에게 주는 메시지는 '구제불능인 나', '태어나서는 안 되는 나', '민폐투성이인 나' 등 가혹하고 모진 내용들입니다.

이 메시지들로 인해 고통은 증폭되고 빠져나갈 수 없어 발이 묶입니다. 이때는 스스로에게 울려 퍼지는 메시지가 가혹하거나 학대적이라는 사실조차 깨달을 수 없습니다. 그저 내면의 생각에 지배당한 상태이죠. 자신이 실제 그렇기 때문에 드는 생각이라고 판단하고 의문을 제기하지 않습니다.

2단계:
엄마의 가혹함을 발견하다

상담을 이어 가다 보면 내 마음속의 비판자는 사실 나를 가혹하게 대했던 엄마의 목소리인 것을 알게 됩니다. 자신이 가장 힘든 순간에 자신에게 던지는 말이 어린 시절부터 엄마가 자신을 대했던 태도와 닮아 있음을 발견합니다. 이 순간 일시적으로 이전보다 더 큰 고통을 경험하기도 합니다.

내가 사랑했던 엄마가 사실은 자신을 은밀하게 정서적으로 학대했다는 진실을 마주하는 순간이기 때문입니다. 저는 이 쓰라림이야말로 치유와 성장을 위해 감내해야 하는 고통이라고 말합니다. 마치 큰 암 덩어리를 제거하기 위해 수술대에서 치러야 하는 고통이나 두려움과 같지요.

3단계:
엄마에게 받은 상처를 애도로 몰아내다

암 세포를 더 키우는 '먹이 생각'을 찾고 그것이 나에게 어떠한 영향을 미쳤는지를 보게 됩니다. 엄마 덕분에 성장한 부분도 있지만, 엄마의 정서적 미성숙함 때문에 내가 치러야 했던 고통도 있음을 바로 보는 과정을 거치지요.

고통스러웠던 순간에 엄마에게 비난받아야 했던 이유는 '나의 잘못' 때문만이 아닙니다. 고통스러움을 함께 감당하지 못하는 연약한 엄마, 미숙한 엄마의 표현도 여러 이유 중 하나입니다. 이 때는 엄마의 문제나 고통을 나의 잘못이나 나의 존재에서 찾지 않으려고 몸부림치는 단계입니다.

이 과정에서 내담자들은 엄마에 대해 경험하지 못했던 원색적인 미움과 원망의 감정을 경험합니다. "너를 위해서"라는 포장지에 눌려서 보지 못했던 진실을 마주하며 감정이 솟아나지요.

사랑하는 엄마가 나에게 그토록 아픈 경험을 하게 했다는 충격, 사랑을 표현할 수도, 전할 수도 없는 미성숙한 엄마라는 좌절과 절망을 마주합니다. 자신을 봐 주지 않았던, 그래서 언제나 홀로 정서적으로 버려져 있었던 슬픔이 미움과 원망으로 솟아나오게 됩니다. 충분히 미워하고 원망하다 보면 뿌리에 있는 진짜 감정들을 만나며 다음 단계로 진입합니다.

4단계:
나 자신을 안타까워하다

감정은 참으로 신기합니다. 안전한 대상 앞에서 미움과 원망, 슬픔을 쏟아내면 엄마에 대한 원망으로 가득했던 감정의 초점이 자신에게로 향하는 때를 맞게 됩니다.

그 고통을 안고 살아야 했던 스스로에 대한 가여움, 엄마가 던지는 분노를 온몸으로 받아내며 두려웠을 자신에 대한 미어지는 안타까움, 그럼에도 여기까지 살아 낸 대견함이 솟아오르지요. 자신을 연민의 마음으로 감싸며 상처를 돌볼 마음의 힘이 생깁니다. 이 단계까지 감정을 허락하면 거의 다 왔습니다.

5단계:
나를 돌보며 회복하다

이제는 마음의 가혹한 엄마가 말을 걸 때마다 속지 않습니다. 그 대신 자신을 돌보고 아픔을 인정하며 자신을 지킵니다.

물론 이 과정을 거친다고 엄마의 목소리가 뿌리 채 뽑혀 나가지 않습니다. 다시금 그 목소리에 함몰되고 속기도 합니다. 하지만 이제는 다른 태도로 자신을 대하는 강인한 자아가 그 목소리에 빠져 있도록 내버려 두지 않습니다.

상처의 그늘이 나를 압도할 때 자신에게 어떤 돌봄을 줄지, 어떻게 하면 위로가 될지 스스로를 위해 고민합니다. 공허하고 뻥 뚫려 있었던 마음의 자리가 점차 자신에게 주는 돌봄의 양분을 먹고 채워지기 시작합니다.

치유 과정에서
방해가 되는 것들

이 과정에서 가장 방해가 되는 것은 엄마를 쉬이 미워할 수 없어서 이전의 단계로 되돌아가려고 하는 마음의 '항상성'입니다. 어떤 이들은 진실을 발견하고 나서도 "엄마는 나를 위해 최선을 다했어요. 내가 문제였어요"라고 자신을 평가절하하고 엄마를 이상화시킵니다.

이 왜곡된 감정의 늪에서 헤어 나오지 못한다면 엄마를 온전하게 사랑할 수도 없습니다. 엄마의 부족한 면은 슬퍼하되, 그 부족함 속에서도 노력했던 한 인간으로서의 엄마를 경험하려면 고통의 터널을 지나야 하지요.

엄마에 대한 미움과 원망의 감정을 인정하는 것은 엄마에 대한 일말의 신뢰가 있기 때문입니다. 엄마에 대한 솔직한 감정이 드러나도 엄마가 무너지지 않는다는 사랑의 신뢰를 맛본 사람들만이 엄마를 미워할 수 있습니다.

부모의 사랑을 받아 본 아이들이 부모를 신뢰하며 떼를 쓸 수 있는 것과 마찬가지이지요. 부모의 사랑을 신뢰하지 못하면 아이는 아이다움을 잃어버리게 됩니다. 부모가 원하는 모습의 가면을 쓰고 착한 모습으로 살아갈 수밖에 없지요. 그 착한 가면 뒤에서 자신의 영혼은 점점 사라지는 줄도 모르고 말이지요.

당신은 지금 엄마를 힘껏 미워하고 있습니까? 원망하며 갈등을 겪고 있습니까? 잘 가고 있습니다. 엄마가 주었던 정서적 그늘을 벗어나기 위해 당신은 지금 힘껏 노를 저어 가는 중입니다.

당신은 치유를 위해 마땅히 치러야 하는 마음의 수술대 위에서 고통을 감내하는 중입니다. 미움이 드는 만큼 미워해도 괜찮습니다. 당신이 안전하다고 느끼는 사람 앞에서 목 놓아 그 슬픔을 꺼내 놓길 바랍니다.

그 터널 끝에는 상처 입었던 당신을 돌봐 줄 강인한 자아가 기다리고 있습니다. 나아가 미숙한 사람이지만 당신의 곁에서 '부모'로 존재하려 나름의 분투를 해 왔던 엄마를 향한 연민의 마음이 기다리고 있을 것입니다.

엄마를 이해하고 싶은데,
이해가 안 될 때

애나 램키는 자신의 저서 《도파미네이션》에서 엄마와의 관계
에서 형성된 불안과 '거짓 자기(False self)'에 대해 설명합니다. 그
녀는 어린 시절 자신과 엄마와의 갈등에서 자신이 경험했던 감
정을 직면하고 나서야 엄마를 '이해할 수 있게 되었다'라고 말합
니다. 자신이 겪은 고통에 대한 이해와 자신의 삶에 대한 납득을
토대로 엄마를 받아들이게 되었지요.

애나 램키의 말처럼 자신이 경험한 사건의 진실과 그 과정 안
에서 겪었던 감정들을 만날 때 비로소 엄마를 이해하며 용서할
수 있습니다. 심리상담소에는 많은 딸들이 '엄마를 이해하고 싶
어서' 조언을 구합니다.

평생 동안 엄마를 이해하려고 노력했지만 도무지 불가능했기에 미워할 수도, 사랑할 수도 없는 양극단 사이에서 혼란을 겪습니다. 이 마음은 상처 주는 엄마라도 함께 살아가기 위해 딸이늘 하던 일이기도 합니다.

나를 먼저 이해해야
엄마를 사랑할 수 있다

진영 씨는 '엄마를 너무너무 이해하고 싶다'라며 상담소를 찾았습니다. 저는 이해하고 싶은 이유를 물어보았습니다.

자신이 엄마를 이해하지 않고서는 도무지 엄마를 사랑할 수 없고, 끓어오르는 미움이 자신을 숨 막히게 해서 참을 수가 없다는답이 돌아왔습니다. 진영 씨의 엄마를 이해해야 한다는 말 아래에는 진영 씨의 고통과 분노와 좌절이 쌓여 있었습니다.

진영 씨는 심리상담을 이어 가며 '엄마를 이해하는 착한 딸'이라는 도덕적 포장지에 쌓여 있는 지난날의 자신을 꺼내기 시작했습니다.

아빠가 의붓 자매를 성추행하던 날, 진영 씨는 아빠와 함께 있는 것이 두려워 엄마에게 전화를 걸었습니다. 하지만 엄마는 "다른 사람이 다 등 돌려도 너만은 아빠를 이해해야 한다"라는 답을 할 뿐이었습니다. 엄마가 하는 말에 역겨움과 두려움이 몰려왔지만 참았습니다. 그때 이불 속에 자신을 숨겼던 중학생 진영이는 얼마나 고통스러웠을까요?

아빠가 외도한 사실을 알게 되었을 때 엄마는 진영 씨에게 아빠와 내연녀가 차 안에서 무엇을 하고 있는지 보고 오라고 시켰습니다. 엄마와 아빠가 헤어질까 두려웠고 아빠가 다른 아줌마와 나누는 내밀한 장면을 보면서 혼란스러웠던 초등학생 진영이의 깊은 슬픔을 만났습니다.

심한 부부싸움 후 진영 씨의 엄마는 진영 씨를 두고 집을 나갔습니다. 엄마가 집을 나간 지 일주일이 된던 날 파리가 들끓는 식탁을 보며 엄마를 그리워했던 유치원생 진영이를 만났습니다.

아무도 보호해 주지 않았던 진영 씨의 어린 시절, 그럼에도 진영 씨는 처음 시작부터 현재까지 늘 그런 부모를 이해해야만 했습니다. 진영 씨의 공포, 두려움, 슬픔, 좌절은 아무도 신경 쓰지 않았습니다. 삶을 버티려면 혼란스러운 장면 속에서 부모를 이해하는 것 외에는 방법이 없었습니다.

그러면서도 부모에 대한 분노와 불편함을 경험할 때면 '내가 이해심이 부족하고 예민해서 이런 감정을 느끼는 거야. 왜 나는 엄마, 아빠를 사랑할 수 없는 나쁜 딸일까'라며 자신을 질책하며 살아야 했습니다.

진영 씨는 엄마와 아빠가 서로를 챙기면서 식사를 준비하고 함께 친밀감을 나누는 집을 원했습니다. 안전하고 보호받는 울타리 같은 부모를 원하는 자신의 진짜 욕구를 점차 만나게 되었지요.

이해해야 한다는 그늘에 가려져 실컷 부모를 미워할 수도, 자신의 상처를 슬퍼할 수도 없었던 감정의 물결이 둑이 터지자 쏟아졌습니다. 그러자 엄마와 아빠의 삶이 보이기 시작했습니다.

부모를 이해하기 위해서는
자신의 고통을 마주해야 한다

진영 씨의 엄마는 세 살 무렵 일찍 아빠를 잃었습니다. 진영 씨의 할머니는 홀로 8남매를 키워야 했지요. 진영 씨의 엄마는 자녀들을 먹여 살리기 위해 늘 농사일로 바쁜 자신의 엄마를 그리워하며 어린 시절을 보냈습니다.

진영 씨의 아빠는 형제들에게 어린 시절부터 구타와 욕설을 들으며 자랐습니다. 진영 씨는 공포와 혼란 속에 자랐던 아빠의 마음이 느껴진다고 합니다. 폭음과 외도로 얼음장처럼 차갑고 아슬아슬했던 집안 분위기 안에서 외롭고 두려워했던 진영 씨의 아빠가 겪었을 공포와 두려움을 마음으로 느낄 수 있었습니다.

진영 씨는 부모 이전에 자신과 같은 어린아이였던 부모를 보았습니다. 늘 혼자였던 부모의 어린 시절에 대한 마음이 느껴지니 그렇게 살아갈 수밖에 없었던 부모의 삶이 그제야 이해되기 시작했습니다.

이해의 방향은 이렇게 흘러가야 합니다. 스스로의 고통을 이해하지 못하는 사람은 타인의 고통에 공감하지 못합니다. 자기 자신을 이해했던 토대로 타인에 대한 깊고 넓은 연민의 마음을 품을 수 있습니다. 자신의 내면세계를 이해하는 만큼 타인의 내면세계를 경험할 수 있습니다.

이는 상한 음식을 먹고 배가 아팠던 경험이 있는 사람만이 상한 음식을 다른 사람에게 주지 않는 것과 같습니다. 진영 씨의 부모는 왜 진영 씨에게 가혹한 삶을 대물림했을까요? 자신들의 마음의 고통을 마주하지 못했기 때문이 아닐까요?

부모를 용서하고 싶다면 '이해해야 한다'라는 그늘에 가려진 자신을 먼저 이해할 용기를 내길 바랍니다. 자신의 잃어버렸던 삶을 애도하는 동안 부모에 대한 이해와 용서는 '해야만 하는 것'이 아니라 '자연스럽게 이루어지는 것'으로 경험될 테니까요.

사랑이 서툰
엄마를 마주하다

독일 심리치료사 클라우디아 하르만의 《엄마와 딸의 심리학》에서는 엄마가 딸을 사랑할 수 없는 이유에 대해 아래와 같이 이야기 합니다.

필요한 것을 딸에게 주지 못하도록 엄마를 가로막는 그 '무언가'가 있다. 사랑과 보살핌을 담당하는 그녀의 가슴은 멀었고, 그 마음에는 빗장이 걸려 있기 때문이다.

의도한 게 아니라 그냥 그렇게 됐다. 엄마도 가슴을 둘러막은 껍질에서 빠져나올 수가 없었다. 껍질이 딱 달라붙어 떨어지지 않는다. 껍질이 너무 두꺼워 자기 경험이 얼마나 나쁜 것이었는지 깨닫지 못한다. 그렇게 껍질에 싸여 있으면 딸의 고통을 느낄 수도, 고통에 공감할 수도 없다.

이 문장이 누군가에게는 좌절감을 주진 않을까 염려되기도 합니다. 이제 막 진실의 빗장을 열어서 엄마를 미워할 용기를 냈는데 그것을 가로막지는 않은지 걱정됩니다. '엄마도 상처받은 인간이니 그만 미워하고 용서해라'라며 섣부르게 자신에게 이해와 용서를 강요를 하진 않을지 조심스럽습니다.

하지만 이 문장이야말로 '엄마는 왜 그 정도밖에 나를 사랑해 주지 못했는지'에 대한 해답이라고 생각합니다.

엄마 탓을 하는 딸의 속사정

태희 씨는 자신의 막내딸에게 "모든 게 엄마 탓이야", "엄마는 왜 그 정도 밖에 나를 키우지 못했어?"라는 원망을 들으며 절망에 빠졌습니다. 태희 씨는 최선을 다해서 자녀를 키웠다고 생각하는데, 막내딸이 하는 원망이 이해가 되지 않아 상담실을 방문했습니다.

태희 씨는 초기 상담에서 억울함을 토로하며 말했습니다.

"선생님 저는 오히려 큰아이보다 더 안정된 상태에서 막내를 낳았어요. 큰아이 때는 바빴기 때문에 충분히 사랑해 주며 키우지 못했어요. 그런데 막내는 육아 책에 나오는 대로 정성으로 잘 키웠다고 생각했어요. 그런데 막내가 이럴 줄 몰랐어요. 정말 배신감을 느껴요."

그렇게 상담을 이어 가며 자신이 얼마나 지극정성으로 딸을 돌보고 키웠는지 한참 이야기했습니다. 태희 씨는 막내딸이 먹는 음식들은 다 유기농으로 준비해서 먹였습니다. 부족한 형편이어도 막내딸에게는 브랜드 옷을 입혔습니다. 아이의 요구는 최대한 들어 주었습니다.

이번에는 막내딸의 이야기를 들어 보았습니다. 딸은 엄마의 애씀을 사랑이라 생각하지 않았습니다.

"선생님 엄마는 언제나 엄마 마음대로예요. 제가 먹고 싶지 않다고 하는 음식인데도 건강하다면서 만들어요. 제발 혼자 가만히 내버려 달라고 해도 엄마는 위험해서 안 된다고 통제해요. 그러면서 다 나를 위해서라고 말해요. 사사건건 간섭하고 모든 것을 다 가로막아요. 아주 질식할 것 같아요."

딸은 엄마가 보내는 '사랑의 신호'들을 '질식할 것 같은 통제'로 인식하고 있었습니다. 왜 이런 차이가 생기는 걸까요? 그렇다면 딸이 받고 싶었던 사랑이 무엇인지 물어보았습니다.

딸은 울부짖으며 이야기했습니다.

"내가 학교에서 힘든 일을 겪고 왔을 때 내 편이 되어 주길 기대했어요. 힘들지 않냐고 미안하다고 그렇게 힘든 줄 몰랐다고 말해 주길 원했어요. 내가 다쳤을 때 엄마가 더 놀래고 울어서 저는 울지도 못했어요.

나는 단단한 엄마가 필요했어요. 엄마는 늘 나보다 더 호들갑스러웠어요. 언제나 나는 참아야 했어요. 그러면서 그게 사랑이래요. 평생 속은 거죠. 그게 어떻게 사랑이에요?"

막내딸이 원했던 것은 정서적인 보살핌이었습니다. 하지만 태희 씨는 엄마의 '역할'에만 몰두하며 자신이 아이를 사랑한다고 생각했습니다.

태희 씨는 이제야 딸과 자신 사이에 어떤 문제가 있었는지 알게 되었다고 말합니다. 태희 씨는 6남매 중 막내로 태어났습니다. 집은 너무나 가난했고 부모의 사랑마저도 오빠들에게 다 빼앗겼습니다. 언제나 자신은 뒷전으로 밀려 오빠들이 먹고 남은 음식을 먹어야 했습니다. 제대로 된 옷 한 벌조차 없었습니다.

부모님의 정서적 보살핌은 기대조차 하지 않았다고 합니다. 그저 자신에게 제대로 된 밥 한 끼, 옷 한 벌만 챙겨 주었더라면 사랑을 느꼈을 텐데, 아무 것도 받지 못하니 부모의 사랑을 확인할 길이 없었습니다. 그랬던 태희 씨는 내 아이가 태어나면 모든 것을 최고로 해 주리라 다짐하며 그것을 사랑의 표현이라 생각했습니다.

정서적으로 결핍된 엄마가 생각한 사랑

태희 씨는 사실 정서적으로 결핍된 부모에게서 자란 딸이었습니다. 그래서 태희 씨 역시 자신의 자녀에게 줄 수 있는 사랑에는 빗장이 걸려 있었습니다.

자신이 경험하지 못했던 정서적 보살핌이 어떤 모양인지, 어떤 형태인지 알 길이 없었습니다. 대신 자신이 원하던 것처럼 아이가 요구하기 이전에 모든 필요를 채워 주었습니다. 또한 하나하나 아이의 삶에 개입하는 것을 사랑이라고 생각했습니다.

그것이 딸에게는 간섭이고 질식할 듯한 고통이라는 사실을 태희 씨는 헤아릴 수 없었습니다. 오히려 자신보다 더 풍족하게 받으면서도 만족할 줄 모르고 자신을 원망하는 딸이 이해되지 않았습니다.

상담을 진행하면서 막내딸은 태희 씨가 자신을 그렇게 대했던 이유가 '엄마의 삶' 때문이라는 사실을 알게 되었습니다. 이로써 태희 씨의 막내딸은 태희씨에 대한 원망을 조금은 내려놓을 수 있었다고 합니다.

정서적 고통은 세대를 넘어서서 계속 이어집니다. 모든 정서적 결핍은 이러한 욕구 자체를 단절시키도록 막을 형성합니다. 그 막으로 인해 사랑의 가치가 굴절되어 사랑은 마치 '역할'이나 '행위'로 왜곡됩니다.

대를 흐르는 정서적 결핍의 물길은 태희 씨의 막내딸이 몸부림을 치면서 막내딸 세대에서 끝날지 모릅니다. 막내딸은 자신의 고통을 마주하며 진정으로 자신이 원하는 사랑이 무엇인지 알아가고 있습니다. 어떻게 하면 그 사랑을 주고받을지 고민하며 대물림을 끊고 진정한 사랑을 스스로에게 알려 주고 있습니다.

당신이 경험하는 심리적 고통은 세대를 타고 내려오는 얼어버린 사랑의 강물을 녹이는 불길일지 모릅니다. 고통은 변화를 만들고, 변화는 진실을 만나는 징검다리 역할을 합니다. 이 과정은 당신의 자녀 또는 당신이 사랑하는 사람에게 참된 사랑의 가치를 알려 주는 귀한 경험이 될 것입니다.

엄마를 어떻게
용서해야 할까

《부모 용서하기》저자 레슬리 필즈는 용서가 필요한 이유에 대해 아래와 같이 설명합니다.

인간은 자신의 부모를 용서할 수 있을 때 비로소 제대로 성장하여 완전한 어른이 될 수 있다. 당신을 속박하는 상처와 실망을 끝내라. 당신의 필요를 충족시켜 주지 못한 부모 때문에 당신의 자녀까지 계속 비참하게 만들고 멍들게 하는 상처와 실망의 악순환을 종결하라!

그녀는 뒤이어 이렇게 말합니다.

나는 용서가 모든 자녀들이 통과해야 하는 복도라는 것을 잘 알고 있다. 또 그 복도를 지나갈 때 외롭다고 느껴질지라도 그것이 매우 특이하거나 유난스러운 것이 아니라는 사실도 알고 있었다.

많은 사람들이 나와 같은 길을 걷고 있기 때문이다. 어떤 사람은 내 앞에서, 어떤 사람은 내 뒤에서 걷고 있었고, 어떤 사람은 오래 전에 내가 그랬던 것처럼 출발선에서 주저하며 머뭇거리고 있었다.

우리는 그럼에도 '용서해야 한다'라는 말에 여전히 반감이 생깁니다. 잔혹한 상처를 준 부모를 우리가 왜 용서해야 할까요? 씻을 수 없는 상처를 준 사람들을 우리가 왜 자유롭게 해 줘야 할까요? 이와 같은 의문과 함께 용서를 하려니 억울한 심정마저 듭니다.

엄마를 용서해야 하는 이유

저는 용서는 자신의 깊은 환부를 치료하게 되면 자연스럽게 닿게 될 종착역이라고 말하고 싶습니다. 애쓰지 않아도 닿게 되는 마지막 정거장과 같지요. 또한 저의 경험과 내담자들의 경험을 통해 알게 된 이유가 있습니다.

바로 부모와의 관계가 내가 이룰 가정과 인간관계, 또 나의 자녀와의 관계에 깊은 영향을 끼치기 때문입니다. 가장 중요한 이유로는 부모를 용서할 때 나 자신에 대한 진정한 용서도 가능해지기 때문입니다.

부모의 잘못된 태도나 정서적인 학대의 흔적이 내 생각과 감정을 물들이는 것을 막기 위해서도 용서가 필요합니다. 이러한 과정에 대해 레슬리 필즈 역시 덧붙여 말합니다.

부모가 어린 시절에 학대, 가혹 행위 등의 문제를 경험했다면, 그런 상처가 그 사람의 자녀들에게도 흐르는 경우가 꽤 있다. 자녀가 부모가 보인 부정적인 행태들을 인정하지 않고 그것을 정면으로 바라보지 못하면, 불행하게도 자신의 자녀들에게까지 되풀이된다.

용서는 내가 바라는 삶을 위해 해야 하는 기초공사와 같습니다. 내가 세울 가정과 관계, 자존감, 자아 등에 좋지 않은 영향을 미치는 곰팡이 벽을 허물고 다시 단단한 토대를 짓는 것이지요.

용서는 그래서 도망치고 싶은 과제이기도 합니다. 다시금 나의 상처와 마주해야 하기 때문입니다. 다시 쌓아 올리기 위해서는 비뚤비뚤 올려진, 위태롭게 쌓여진 것들을 먼저 무너뜨려야만 하지요.

건물을 짓는 건축 과정에서도 기초공사가 가장 오랜 시간이 필요하다고 합니다. 하지만 그것만 완성되면 튼튼한 토대 위에 내가 원하는 새로운 형태의 집을 빠른 속도로 쌓을 수 있습니다.

용서의 시작,
내 상처를 먼저 마주해야 한다

용서는 어떻게 해야 할까요? 용서는 내 상처를 정확하게 바라보는 것에서 시작합니다. 엄마에 대한 욕구, 좌절, 경험을 마주하는 것이 용서의 첫 번째 단계입니다. 딸들은 이런 고민을 하면서 자신의 결핍과 진정한 소망을 만납니다.

"저는 엄마한테 '너는 왜 그렇게 예민하냐? 그깟 걸로 속상하면 세상 어떻게 살래?'라는 비난을 들어야 했어요. 저는 그런 말 대신에 '우리 딸, 엄마가 그 말이 상처가 되는지 몰랐네. 미안해. 엄마가 앞으로는 조금 더 조심할게'라는 말을 듣고 싶었어요."

부모에게 받은 상처를 정확하게 보는 것이야말로 우리의 상처를 슬퍼하고 덜어낼 수 있는 가장 빠른 길입니다.

상담을 하면 한 가지 의아한 장면을 보곤 합니다. 가정 폭력, 이혼과 아동 학대 등 명확하게 눈에 보이는 문제들로 고통받은 이들은 오히려 자신의 고통을 들여다볼 용기를 냅니다. 부모와 자신을 용서하며 상처를 보듬고 살아갑니다.

하지만 오히려 정서적 학대, 비교, 경쟁, 무정함 등 미묘한 방식으로 생긴 마음의 상처가 더 어렵습니다. 이러한 환경에서 성장한 자식은 부모에 대한 진짜 감정을 꺼내기 어려워합니다.

그렇게 큰 문제가 아닌데 자신이 이렇게 힘들어하는 것이 이해가 되지 않는다고 말합니다. 자신에게도 문제가 있다고 생각해 부모를 마음껏 미워하기 어려워합니다. 정서적 상처에는 등급이 존재하지 않음에도 말이지요.

아프지 않은
상처는 없다

아이를 때린 행위가 아이가 가장 필요한 순간에 등을 돌리는 무정함보다 덜 아픈 상처라고 누가 말할 수 있을까요? 이것은 아이에게는 똑같은 상처가 됩니다.

아이를 때리는 부모의 행동에 대해서는 확실히 '잘못된 부모의 태도'라고 인식할 수 있습니다. 하지만 은밀하게 등을 돌리는 부모에 대해서는 타인도 자신도 부모를 탓하기 어렵습니다. 그렇기에 부모에 대한 불만과 원망을 경험하는 자신을 이해할 수 없어 스스로를 자책하며 우울감을 겪게 되지요.

나아가 자신보다도 더 큰 심리적 고통을 당한 사람들이 극복한 삶의 이야기와 비교하며 '이까짓 일로 우울해하는 나'를 자책하기도 합니다. 이러한 방식으로 스스로를 2차 가해자로 만들고 말지요.

하지만 기억해야 합니다. 어떤 상처든 아프지 않은 상처는 없습니다. 사람이 말 한마디로 살아나기도 하고, 모멸감이 담긴 눈빛 하나로 생을 마감하기도 합니다. 어떤 때는 큰 사건들보다도 일상의 장면에서 미묘하게 경험된 싸늘함과 건조함이 마음을 더 메마르게 만듭니다.

상처가 얼마나 작든 크든 그 상처 이면에 숨은 자신의 고통을 바로 볼 수 있어야 합니다. 그 상처 때문에 내가 나를 왜곡된 시선으로 바라본 것을 이해하고, 진짜 탓할 대상을 탓하는 것이 용서의 시작입니다.

엄마를
용서하기 위해서

내담자 현주 씨가 말하는 엄마는 가장 위로가 필요한 순간에 늘 자신의 곁에 없었던 사람입니다. 오히려 힘든 엄마를 돌보느라 자신은 엄마를 누리지 못했습니다. 그러면서도 계속 힘들어하는 엄마를 보면서 '내가 부족한 딸이어서'라고 자신의 탓을 하고 있었습니다.

이런 상태에서는 부모를 용서할 수도 없습니다. 모든 것이 자신의 잘못이라고 스스로를 공격하고 있기 때문이지요. 이런 때라면 아직은 용서를 생각하지 말아야 합니다. 내가 부족한 딸이 아니라, 엄마가 나에게 처음부터 과도한 요구를 했다는 진실을 알아차려야 합니다.

엄마의 가정 폭력을 목격한 여섯 살 소녀에게 엄마가 흉터를 보이며 "너희 아빠 진짜 나쁘지. 엄마가 얼마나 아팠는지 알아? 너라도 엄마 위로해 줘"라고 말하는 것이 아이에게 얼마나 가혹한 요구인지 알아야 합니다. 이런 요구는 아이에게 강요해서도, 원해서도 안 됩니다.

여섯 살 아이가 엄마를 사랑하지 않아서, 공감 능력이 부족해서 위로를 해 주지 않는 것이 아닙니다. 아이는 그저 아파하는 엄마를 보며 고통과 슬픔에 차 있을 뿐입니다. 자신의 문제와 엄

마의 가혹한 요구를 분리하고 상황을 객관적으로 인식할 수 있
어야 합니다.

반쪽짜리에서
완성형 사랑으로의 용서

우리는 너무 섣부르게 '부모를 용서해야 한다'라는 태도를 경계
해야 합니다. 스스로에게도, 타인에게도 말이지요. 용서는 단번
에 가능한 일이 아니며, 일생의 과정으로 한 꺼풀 한 꺼풀 껍질을
벗겨 내는 과정과 같습니다.

부모를 미워하고 원망하는 이들에게 필요한 태도는 용서하라
는 섣부른 조언이 아닌, 충분히 애통해하고 미워하는 시간을 허
락해 주는 것입니다.

나와 부모의 문제를 분리 - 부모 미워하기 -
자신을 애통해하기 - 나와 부모를 애통해하기 - 용서

용서의 단계

모든 문제가 자신의 탓이라고 생각했던 이들에게는 자신과 부

모의 문제를 분리시키는 것만으로도 수개월, 수년이 걸릴 수 있습니다. 이는 오랫동안 바닥에 붙어 있던 껌을 떼어 내는 일처럼 에너지가 들고 시간이 필요합니다.

또 누군가는 부모를 미워하는 것을 허락하고 미움이라는 감정을 스스로 수용하기까지 수개월, 수년이 걸립니다. 이 구간에 있는 이들은 이것이 부모를 진정으로 사랑하기 위해 지나야 하는 필수 과정이라는 사실을 기억할 필요가 있습니다.

많은 딸들이 엄마를 미워할 수 없어서 힘들어합니다. 엄마가 우리에게 상처 준 모습들은 지우고, 나에게 해 준 것들만 떠올리며 미워할 수 없는 근거들을 찾습니다. 상대의 한 면만 보는 것은 반쪽짜리 사랑일 뿐입니다. 진정으로 상대를 사랑하기 위해서는 보고 싶지 않은 다른 한 면까지 끌어안아야 합니다.

아이에 대한 사랑을 예시로 이 과정을 이해해 볼까요? 엄마는 아이를 사랑하지만 아이를 미워할 때도 있습니다. 떼를 쓰고 요구하고 말썽을 부릴 때는 아이가 밉기도 합니다. 하지만 그 미운 아이의 모습도 결국 내가 사랑하는 아이의 모습 중 하나입니다.

아이 입장인 나 역시도 엄마를 미워할 수 있습니다. 미워할 수 있어야 나중에는 엄마의 그 미운 모습까지도 사랑 안에 담을 수 있습니다.

엄마를
용서하는 연습

현주 씨는 상담 기간을 거치면서 자신에게 너무 많은 모습을 기대했던 엄마의 이기적인 욕심을 바로 보게 되었습니다. 그렇게 엄마에 대한 미움의 감정이 싹텄습니다.

그러자 늘 많은 요구를 들어 주지 못하는 부족한 딸이라며 스스로를 탓하는 마음에서 벗어날 수 있었습니다. "왜 그렇게 많은 요구를 하며 날 힘들게 했던 거예요?"라며 부모를 탓할 수 있게 되었지요.

상담 초기에 현주 씨는 엄마가 의자에 앉아 있다고 상상하며 자신의 불만을 말하는 것조차 힘들어했습니다. 저는 그때 현주 씨에게 단단한 유리창이 엄마를 가리고 있다고 상상하게 했습니다. 그 유리창으로 엄마는 현주 씨를 볼 수는 있지만 목소리는 들을 수 없다고 알려 주었지요. 그제야 현주 씨는 엄마에 대한 불만과 자신의 고통을 이야기할 수 있었습니다.

현주 씨는 엄마에 대한 미움을 원망으로, 때로는 분노로 표현했습니다. 그러다 미움 아래에 '엄마에게 사랑받고 싶었던 딸', '엄마에게 마음껏 떼쓰며 어린아이가 되고 싶었던 딸'이라는 자신을 발견했습니다. 그것이 좌절되었던 어린 시절에 대한 슬픔을 느꼈습니다.

미움 이면에 슬픔이라는 진짜 감정을 마주하자 자신을 향한 애통함이 움텄습니다. 그것을 시작으로 아무에게도 돌봄받지 못했던 자신을 돌보고자 하는 마음을 발휘하기 시작했지요.

엄마의 상처가
보이기 시작한다

현주 씨는 엄마에게 사랑받지 못했던 '나'를 만나자, 또 자신과 같이 엄마를 누리지 못했던 현주 씨의 엄마가 한 개인으로 보이기 시작했습니다. 비로소 엄마 역시 선대(先代)로부터 물려받은 상처를 가진 한 인간으로 보였지요. 그러자 엄마를 바라보는 시선이 확장되었고, 자신을 향한 애통함은 자신과 부모를 향한 애통함으로 이어졌습니다.

이처럼 마음껏 슬퍼할 수 있게 되는 것이 용서입니다. 슬픔은 우리가 경험하기에 너무나 아픈 감정이라, 미움이나 원망, 적개심과 같은 비틀린 감정으로 찾아옵니다. 용서하고 싶어서, 용서하기 위해 찾아오는 그 감정들을 오해하지 않으면 좋겠습니다.

낙서를 지우개로 지우려면 한동안은 그 낙서에 온 신경을 기울여야 합니다. 지우기 위해 에너지를 들일 뿐만 아니라 일시적으로는 낙서의 자국이 더 번지는 듯한 고통을 겪기도 합니다.

용서도 마찬가지입니다. 용서하기 위해서는 그 상처에 주목해야 합니다. 집중하다 보면 더 큰 감정들이 나에게 찾아오기도 합니다. 용서하기 전보다 더 깊은 상처와 심리적 퇴행을 경험할 수도 있지요.

하지만 결국 그 경험 또한 낙서 자국, 상처 자국을 지우기 위해 필요했던 일련의 과정임을 볼 수 있습니다. 그리고 흔적은 있지만 훨씬 깨끗하진 그 종이 위에 내가 원하는 삶을 다시 써내려갈 수 있지요.

나의 트라우마를
제대로 알아야 한다

최근 민지 씨는 참여하는 모임에서 구성원들 간의 갈등이 일어
나자 자신의 심리적 취약함을 다시 마주했습니다. 갈등은 과격
한 언쟁으로 번져 나갔습니다. 민지 씨는 그 모습을 보자 눈물이
나고 심장이 두근거렸습니다. 알지 못하는 감정들이 출렁거렸
지요. 민지 씨 내면에서는 '넌 지금 위험해'라는 경보음이 울리고
있었습니다.

민지 씨는 오랜 시간 심리상담을 받으며 자신의 트라우마에 대
해 자각하고 있었고, 저와 여러 작업들을 해 왔습니다. 하지만
민지 씨의 뇌와 몸의 세포 속에 기록된 트라우마가 자극되자 자
동적으로 감정이 반응했던 것이지요.

내 몸은 트라우마를
기억하고 있다

민지 씨는 고통스러운 과거의 경험 때문에 자신의 의지와 상관없이 감정이 반응하게 될 때 스스로를 탓했습니다. '왜 다 지난 일인데 이렇게까지 힘들어하는 거야?', '나는 너무 예민한 성격이야'라고 말이지요. 하지만 심리상담을 거듭하며 자신과 내면세계에 대해 이해하면서 트라우마를 겪는 자신을 다르게 대하기 시작했습니다.

먼저 그 갈등 때문에 힘들어하는 자신에게 아무 것도 하지 않고 쉴 수 있는 짧은 휴식시간을 주었습니다. 자신을 비난하고 탓하기보다는 점점 괜찮아질 것이고, 스스로를 돌보고 있음을 상기하며 진정시켰습니다.

나아가 이러한 트라우마로 힘겨워했을 자신을 위로하고 격려하는 응원의 메시지를 스스로에게 보내기도 했지요. 그럼에도 모임에서의 갈등이 반복되자 민지 씨는 자신을 지키기로 결정했습니다. 당분간 민지 씨의 취약한 감정을 자극하는 그 모임에 참석하지 않기로 했지요.

수십 년간 트라우마 환자를 치료했던 정신과 의사 베셀 반 데어 콜크는 민지 씨가 경험하는 현상들에 대해서 "몸이 기억한다"

라고 표현합니다. 머리로 자신의 상처를 정확히 알고 치료했어도 트라우마는 몸과 신경계에 기록되어 있습니다. 따라서 트라우마를 일으키는 촉발 사건을 경험하면 그 흔적들로부터 자신을 보호하기 위해 몸과 정서체계가 반응하지요.

상처 입은 딸들에게는 각자의 심리적 취약함이 있기 마련입니다. 어떤 이들은 부모의 심한 갈등으로 인해 두려워했던 경험 때문에 갈등이 발생하면 과도한 반응을 일으킵니다. 또 어떤 이들은 강압적으로 자신을 대하는 사람을 만나면 그 두려운 감정이 자신을 집어삼키기도 합니다.

심리치료를 오랜 시간 받더라도 삶의 모든 부분을 통제할 수는 없습니다. 따라서 취약한 부분이 자극되면 고통스러운 정서반응을 반복적으로 겪기도 하지요.

이러한 반응에도 무너지지 않으려면 각자의 방식으로 취약함에 대응해야 합니다. 그러기 위해서는 먼저 나의 내면에 어떤 일이 있었는지, 내가 감내해야 할 연약함이 무엇인지 알고 있어야 합니다.

내가 가진
연약함을 인정하자

'연약함(Vulnerability)'이라는 단어는 라틴어 'Vunerare'에서 파생된 단어로, '육체적으로나 감정적으로 상처 손상을 입을 수 있는, 공격과 피해에 노출된'이라는 의미를 지니고 있습니다.

성경적 상담 교수인 김규보 씨는 《트라우마는 어떻게 치유되는가》에서 트라우마 사건을 겪기 전으로 돌아가기 위한 노력은 어쩌면 바른 치료 방향이 아닐 수 있다고 전합니다. 오히려 트라우마로 인해 달라진 신경계의 반응과 신체적, 사회적 기능의 변화를 '나'로 수용하는 것이 외상을 극복하는 방법이라는 의미입니다.

자신의 연약함을 인정하는 과정은 참 아픕니다. 그 연약함은 우리가 평생 돌봐야 할 부분이기도 하지요. 자신의 트라우마를 완전히 제거하고 트라우마의 상처를 완벽하게 치유하는 일은 매우 어렵습니다.

하지만 오히려 이 상처를 자신의 일부로 받아들여야 합니다. 그래야 자신의 마음을 더 효과적으로 치유할 수 있으며, 자신을 다루는 진정한 자기 돌봄 기술을 얻게 됩니다.

얼마 전 트라우마를 표현할 적절한 비유가 떠올랐습니다. 저의 남편은 종종 길을 헷갈리곤 합니다. 함께 소풍을 가기로 했던 날, 남편은 무의식적으로 목적지 방향이 아닌 출근길로 향했습니다. 다행히 금방 알아차리고는 다시 방향을 틀어 목적지로 향했지요.

트라우마로 인한 취약함을 알아차리고 돌보는 일이 꼭 이와 같다고 느꼈습니다. 자주 반응하는 마음의 경로와 스스로를 아프게 했던 익숙한 길로 가려는 마음을 멈추는 브레이크를 만들고, 새로운 길을 만드는 과정이지요. 그 순간을 놓치지 않는다면 휴일 날 회사로 가는 불상사를 막고 여행지로 향할 수 있습니다.

알아차림과 돌봄, 이것을 반복할 때 몸에 기록된 트라우마의 흔적이 서서히 지워집니다. 그러면서 점점 자신을 이해하고 사랑할 수 있는 치유의 지름길을 발견할 것입니다.

엄마에게
받은 상처를
치유하는 법

엄마에게
거절하기

"다 너를 위해서 하는 말이야."

"엄마가 다 너 잘 되라고 하는 말이지."

"내가 나 잘 되라고 하는 말이겠어?"

"너는 엄마 아빠 말만 잘 들으면 다 잘 될거야."

"왜 그렇게 엄마가 하는 말마다 안 따르고 말대꾸하니?"

딸이라면 한번쯤 들어 본 말일지도 모릅니다. 딸들은 이러한 말이 가진 논리적 비약이나 비난적 태도에 대한 점검 과정 없이 그저 압도당합니다.

'엄마가 나를 위해서 하는 말인데 왜 나는 엄마가 밉지?'

'엄마는 이렇게 애쓰는데 왜 나는 엄마를 싫어할까?'

엄마의 주장처럼 자신을 위한 말인데 불쾌한 감정을 느끼는 자신을 도리어 질책하곤 하지요.

요즘은 '가스라이팅'이라는 용어가 이슈화되면서 부모나 타인의 말을 듣고는 '내가 문제가 아니라 저렇게 말하는 이들도 잘못된 거 아닌가? 나 지금 가스라이팅 당하고 있나?'라고 점검해 보기도 합니다.

그래서인지 많은 내담자들이 "저희 엄마가 저를 자주 가스라이팅 하세요", "사실 이 말은 가스라이팅이잖아요. 맞죠?"라고 질문하며 확인합니다. 그런 말을 듣는 이유는 나의 문제 때문이 아닌, 말하는 사람의 잘못된 기대와 표현이라는 것을 자각했기 때문이지요.

절대 나의 잘못이 아니다

모녀관계의 변화를 만드는 첫 번째 단계는 잘못된 신호가 들어올 때 그것을 '잘못'으로 인식하지 않기입니다. 송곳같이 나를 찌르는 말, 바늘로 상처 내는 말을 듣고 아픈 것은 절대 찔린 내 탓이 아닙니다. 송곳으로 찌르는 사람, 바늘로 찌르는 사람에게 책임이 있습니다.

하지만 그렇다고 하더라고 송곳이라는 위험한 도구로 자신의 의견을 피력하는 엄마의 말과 뜻을 거절하기란 쉽지 않습니다. 정서적으로 미성숙한 엄마는 자신의 욕구나 이기심을 '너를 위해서', '엄마가 너를 생각해서'라는 애정으로 포장하여 딸에게 건넵니다. 따라서 딸은 "엄마, 그렇게 말하지 마세요"라고 말하기 어렵지요.

딸의 요구를
받아들이지 못하는 엄마

희진 씨는 두부를 먹고 심하게 체한 경험이 있습니다. 다시 두부를 먹고 싶지 않았지요. 그런데 희진 씨의 엄마는 아침마다 그럴수록 두부를 많이 먹어서 극복해야 한다고 말합니다. 그러면서 두부찌개, 두부조림, 두부 구이 등의 반찬을 해 놓습니다.

희진 씨는 "너를 위해서 특별히 아침 일찍 일어나서 한 반찬이니까 먹어"라고 말하는 엄마를 마주할 때마다 어떻게 해야 할지 곤욕스럽습니다. 희진 씨는 엄마에 대해 이렇게 말합니다.

"선생님, 엄마는 제가 두부를 안 먹고 싶어 하는 마음은 전혀 고려하지 않아요. 그냥 밥 잘 챙겨 주는 좋은 엄마 코스프레를 하는 것처럼 보여요."

정서적으로 미성숙한 엄마는 딸이 자신과 다른 욕구를 가질 수 있다는 사실을 받아들이기 어려워합니다. 자신과 다른 생각을 하고, 다른 가치관을 가질 수 있다는 것을 이해하지 못하지요. 오히려 딸의 다른 생각과 거절은 '엄마라는 권위'에 대한 도전이자 반항이고, 이기적이라고 낙인찍습니다.

따라서 희진 씨는 꾸역꾸역 두부찌개를 입에 넣을 수밖에 없습니다. 그 순간 돌아올 질책과 비난 또는 온몸으로 서운함을 표현할 엄마를 보는 것이 더 힘들기 때문입니다. 이러한 엄마와 소통하는 딸은 자신이 엄마와 다르다는 정서적인 자율성, 주도성, 독립성을 잃게 됩니다.

자율성을 획득해야
다른 사람을 믿을 수 있다

아이들은 발달 단계 중 '자율성'을 획득해야 할 시기가 있습니다. 에릭슨의 심리 사회적 발달 단계에 따르면 0~1세 시기에 신뢰감을 획득하지 못하면 사람과 세상에 대한 불신이 생기게 됩니다.

신뢰감을 잘 발달시킨 아이는 1~3세에 '자율성 대 의심 및 수치심'이라는 발달 단계에 진입합니다. 이 단계에서 아이는 스스로 행동하며 독립성을 추구합니다. 이 과정을 거치며 자신의 의지를 표출하면서 자율성을 발달시킬 수 있습니다.

이때 부모가 지나치게 아이를 통제하거나 비난하면 아이는 수치심 때문에 자신의 능력에 의구심을 갖습니다.

이에 더 나아가 정서적 자율성이 결여된 딸들이 겪는 마음에 대해 에릭슨의 심리사회적 발달 단계에 빗대어 이야기하고자 합니다.

상처 입은 딸은 엄마가 주는 정서적 신뢰를 경험하지 못한 상태에 머물러 있습니다. 내가 엄마와 다른 감정을 느끼고 이것을 이해받을 수 있다는 신뢰보다 받아들여지지 않을 것이라는 불신이 더 큰 상태이지요. 이런 상태에서 정서적 자율성을 발휘하여 거절하기란 여간 어려운 일이 아닙니다.

엄마에게 거절하며 자신을 지키기 위해서, 좌절된 자신의 정서적 자율성을 다시 키우기 위해서는 오랜 연습이 필요합니다. 아이를 성장시켜 나가듯 세밀한 돌봄을 천천히 해 나가야 합니다.

엄마를 어떻게
거절해야 할까?

이런 딸들이 기억해야 할 사실이 하나 있습니다. 엄마에게 하는 거절은 '엄마의 존재'를 거절하는 것이 아니라 자신을 표현하는 방법이라는 사실입니다.

엄마와 나는 다른 존재이며, 엄마와 다른 선택을 할 수 있고, 다른 생각을 가질 수 있고, 원하는 것이 때로는 다를 수 있습니다. 이 사실을 알려 주는 것이 참된 거절의 본질이지요.

엄마에게 거절하기가 어렵다면 영역을 정하여 거절해 보세요. 매일 전화하는 엄마에게 '다른 날은 괜찮지만 수요일은 전화통화가 어렵다'라고 거절할 수 있습니다. 나와 함께 시간을 자주 보내길 원하는 엄마에게 내가 부담이 되지 않는 시간을 알려 주세요. 시간이나 요일의 영역 안에서, 경제적인 부분이나 살림, 육아 안에서 등 삶의 부분을 나누어 거절하는 연습을 해 보세요.

거절보다 중요한
죄책감 견디기

거절 과정에서 가장 버티기 힘든 일은 거절 이후에 '엄마의 존재를 거부했다는 왜곡된 생각'에서 밀려드는 죄책감입니다. 거절이 힘든 이유는 왜곡된 생각 때문에 생긴 내 감정을 버텨 내기가 어려워서입니다.

그럴 수밖에 없습니다. 나의 불편한 표정 하나에도 그것을 존재의 거부로 받아들이며 나를 탓하는 엄마를 경험했기 때문입니다. 이런 감정을 느끼는 당신에게 질문하고 싶습니다. 엄마의 감정을 신경쓰는 것처럼 당신이 가지는 죄책감과 불편함을 신경 써 주고 안쓰러워하는 사람은 어디에 있나요? 아무도 없다면 그 존재는 '내'가 되어야 합니다.

엄마에 대한 미안함으로 자신을 잃어버리지 않으려면, 정서적 자율성을 위해 작은 거절을 시도해 보세요. 동시에 그 과정에서 겪는 쓰라린 감정을 견딜 필요가 있습니다. 견디는 동안 스스로에게 이렇게 말해보는 것은 어떨까요.

"이 작은 거절 하나 하고도 이렇게 엄마에게 마음을 쓰는구나. 엄마와 내가 하나였구나. 이렇게 마음을 졸이며 엄마를 걱정하는 만큼, 나의 아픔과 나의 노력을 알아 주는 사람은 누가 있었지? 이제는 내가 알아줄 거야."

거절이 힘든 이유와
실천해 볼 행동들

거절이 힘든 이유에는 여러 가지가 있습니다. 각자의 상황에 따라 거절하기 힘들어하는 자신의 마음을 이해해 보세요. 그리고 정서적 자율성을 키우는 연습을 해 보길 바랍니다.

먼저, 엄마에게 거절하고 난 뒤에 몰려드는 생각들을 글로 써 보세요.

'나쁜 딸, 불쌍한 엄마의 요구도 안 들어 주는 이기적인 딸' 등등 떠오르는 생각을 글로 써 보길 바랍니다. 그리고 당신의 친구가 이런 말을 듣고 있다고 생각해 보세요. 친구에게 연민의 마음이 느껴지나요?

그렇다면 스스로에게도 연민의 마음을 느껴야 할 때입니다. 거절하지 못해 오랜 시간 동안 스스로를 자책하고 가혹하게 굴었던 자신을 '친한 친구를 대하는 마음'으로 대해 보세요.

그 친구에게 말을 걸듯 죄책감으로 괴로워하는 자신에게 편지를 써 보길 바랍니다. 이 작업은 당신의 내면의 가혹한 목소리를 몰아내고 고통을 겪는 당신을 돌봐 줄 것입니다.

다음으로 "안 돼", "못해", "어려워"라는 직접적인 거절이 어렵다면, 시간을 미루는 방법도 있습니다.

'지금 당장', '오늘 저녁에 너희 집에 갈 거야'와 같이 시간적인 제약과 촉박함을 느낄 때 거절하기 더 어려울 수 있습니다.

이럴 때는 바로 거절하기보다는 "나중에는 될 것 같은데 지금 당장은 어려울 수 있어", "잠깐 전화가 와서 10분 뒤에 다시 전화 걸게", "밥 다 먹고 다시 연락할게"라고 답을 조금 미루는 것이 좋습니다. 감정을 가라앉히고 어떻게 거절할 수 있을지 생각해 보는 시간을 갖길 바랍니다.

마지막으로 '내가 해결하지 않으면 안 될 것 같은' 마음에서 벗어나 보세요.

최악의 사건을 한번 생각해 볼까요? 내가 지금 절대로 도와줄 수 없는 상황이라면, 도움이 필요한 엄마는 어떻게 대처할까요? 내가 해결해 주지 않아도 엄마 스스로 해결할 능력이 있다고 믿어 보세요.

내가 언제나 과도한 책임감을 가지고 먼저 손을 내밀었기 때문에 나에게 도움을 요청했을 수도 있습니다. 내가 손을 거두면 엄마는 다른 이들의 도움을 받거나, 스스로 문제를 해결할 수 있습니다.

4장 엄마에게 받은 상처를 치유하는 법

엄마와
소통하기

정서적으로 미성숙한 엄마에게서 상처를 받은 딸들을 만나다 보면 공통적인 의사소통 환경을 발견합니다. 그것은 '명료한 언어'가 없다는 특징입니다. 이런 경우 딸은 엄마의 감정과 욕구를 확실하게 이해하는 대신, 정서적인 전염의 형태로만 엄마의 감정을 전달받습니다.

정서적 전염 방식으로
소통하는 엄마

연주 씨는 늘 엄마를 행복하게 해 줄 수 없는 부족하고 무능한 딸인 것 같은 느낌을 받았습니다. 성인이 되어 경제 활동을 시작하면서 엄마의 여러 불만을 경제적으로 채워 주기 위해 노력했습니다.

여행을 데려가고, 맛있는 음식을 먹고, 엄마 친구들을 불러 모아 좋은 곳을 함께 가는 등 노력했지요. 그럴 때 겨우 엄마가 웃는 모습을 볼 수 있었습니다.

하지만 연주 씨가 결혼을 하고 가족이 생기면서 예전처럼 엄마를 돌볼 수는 없었습니다. 그러자 엄마는 또다시 연주 씨에게 퉁명스럽게 대하거나 쌀쌀맞은 태도로 자신의 불만족스러움을 전달하였습니다.

연주 씨의 엄마는 정서적 전염으로 소통하는 방식을 사용하고 있었습니다. 심리학자 린지 C. 깁슨은 《부모로부터 받은 마음의 상처 치유하기》라는 자신의 저서에서 정서적으로 미숙한 부모를 다음과 같이 설명합니다.

정서적으로 미숙한 사람들은 자신의 감정에 관한 이야기 대신, 정서적 전염을 통해 비언어적으로 자신을 표현하고, 경계를 넘어서 당신을 그들만큼 화나게 한다. (…)
그들은 어린아이처럼 말 한마디 없이도 자신이 느끼는 것을 자녀가 직감적으로 알기를 원한다. 그들이 원하는 것이 무엇인지 자녀가 당연히 알 것이라고 예상하며, 그들의 욕구를 알지 못할 때 상처받고 분노를 느낀다.

연주 씨의 엄마는 자신이 왜 불행을 느끼는지, 무엇이 불만족스러운지 연주 씨가 직감적으로 알고 해결해 주길 원했습니다. 연주 씨는 자신에게 원하는 바를 분명하게 말하지 않는 엄마에게 질식할 것 같은 답답함과 부담을 느꼈습니다.

불행하게도 이러한 부모와 소통하는 자녀들은 정서적인 언어 유산을 물려받지 못할 가능성이 높습니다. 자신의 감정을 알아차리고 표현하는 정서적 소통에 서툴 수밖에 없습니다. 또한 부모의 감정을 몸과 마음으로 알아차리려고 정신과 에너지를 쏟는 탓에 자신의 정서와 욕구와는 단절되고 맙니다.

엄마와 소통하기 위해 먼저 해야 하는 내면대화법

이런 엄마와 제대로 소통하기 위해서는 먼저 자신의 내면과 소통하는 방법을 연습해야 합니다. 엄마가 정서적 전염으로 말을 걸고자 할 때가 중요합니다.

첫 번째 과제는 엄마를 향한 레이더망을 자신에게로 집중시켜서 내면이 보내는 신호를 알아차리기입니다.

이때 나의 내면에서 어떤 감정이 느껴지는지, 나의 오감이 어떤 신호를 보내는지 관찰해야 합니다. '부담스럽다', '멀어지고 싶다', '가슴이 조인다' 등의 감각과 감정이 느껴 수 있습니다.

두 번째 과제는 정서적 전염 소통에 반응하지 않기입니다.

부담감, 죄책감, 죄스러움, 억울함, 괴로움…. 내 마음에 떠오르는 많은 감정들을 자연스럽게 받아들여 봅시다. 이런 감정이 떠오르더라도 우선은 반응하지 않고 감정을 온전히 느끼는 것이 중요합니다.

세 번째 과제는 정서적 전염의 소통을 듣고 내면의 언어 듣기입니다.

엄마가 보내는 정서적인 전염을 이해하고 그 욕구를 채워 주느라 놓쳤던 '나의 마음'을 먼저 봐야 합니다. 그렇게 내 마음을 정확히 알아야 엄마와 제대로 된 '소통'이 가능해집니다.

마지막 과제는 자신이 표현할 수 있는 감정부터 하나씩 '언어'를 사용하여 엄마와 소통하기입니다.

내 내면이 하는 말을 파악한 뒤, 하나씩 차례대로 부모님께 이렇게 이야기해 봅시다.

"엄마, 원하는 것이 있으면 나에게 말해 줘."
"엄마가 무조건 짜증을 내거나 내 눈을 쳐다보지 않고 말하면 나는 엄마를 어떻게 대해야 할지 모르겠어."

엄마와 소통하기 위해서는 엄마가 정서적 전염으로 당신을 물들이려는 그 순간이 가장 중요합니다. 그리고 멈추어 서서 나의 내면과 먼저 소통하세요.

나와의 소통 언어들이 차곡차곡 쌓이면 그것을 사용해서 엄마와 소통할 수 있습니다. 내 안에 정서적 언어의 유산이 쌓일 때 엄마와 참된 소통이 가능해집니다.

엄마에게
경계 짓기

'경계'란 무엇일까요? 정서적으로 미성숙한 부모들은 감정을 스스로 조절하지 못하고 쏟아내며 타인 또한 자신의 감정으로 물들입니다. 같은 감정을 느끼게 하고 자신이 원하는 대로 행동하도록 만들지요. 하지만 상대가 엄마인 경우, 경계를 짓는 과정이 참 어렵습니다. 그동안 엄마와 맺어 왔던 관계 패턴이 정해져 있기 때문입니다.

'경계 짓기'란 더 나은 관계를 위해 나와 상대를 존중하는 '영역'을 알려 주는 과정입니다. 심리상담가 앤 캐서린은 자신의 저서 《경계》라는 책에서 경계에 대해 '내 온전함을 지킬 수 있는 한계'라고도 표현했습니다.

엄마와의 관계라고 해서 내가 감당할 수 있는 감정 한계와 행동 한계가 없어야 하는 것은 아닙니다. 무조건적인 복종, 굴복은 정서적 학대와 같습니다. 다음과 같이 다양한 모습들로 엄마와 경계를 설정할 수 있습니다.

사례 1: 자신의 감정을 표현하며 서서히 경계 짓기

효진 씨는 워킹 맘으로 효진 씨의 엄마가 육아를 도와주고 있습니다. 일을 마치고 집에 들어왔더니 엄마가 "너는 도대체 집안일을 이 꼬라지로 하고 어떻게 사는 거니?"라며 효진 씨를 비난했습니다.

예전 같으면 "엄마는 왜 그런 식으로 말을 해?"라며 맞대응했을 테지만, 효진 씨는 다른 태도를 취하게 된 자신에 대해 놀라움을 표현했습니다.

"선생님, 예전 같으면 싸움이 났을 텐데, 이번에는 그 말을 듣는데 힘이 다 빠졌어요. 온몸이 물에 젖은 솜처럼 축 처졌어요. 그리고 상담하면서 나눴던 어린 시절 상처들이 다 스쳐 지나가더라고요. 주저앉아서 울어 버렸어요."

효진 씨는 상담을 받으며 어린 시절부터 겪었던 비난과 폭언, 끝없는 요구와 지시, 압박을 받아내느라 힘들었던 자신을 생각했습니다. 어른이 되면 해결될 줄 알았는데, 다시금 이런 일이 생기자 많이 괴로웠습니다.

어른이 된 자신도 엄마의 비난 앞에 마음이 무너지는데, 어린 시절부터 이 아픈 말들을 들어왔던 자신이 가여웠습니다. 그래서 엄마 앞에 주저앉아 펑펑 울면서 말했습니다.

"엄마, 나 지금 너무 슬퍼. 나는 어째서 '고생했다. 우리 딸 수고했다'라고 말하는 엄마를 누릴 수가 없는 거야? 내가 얼마나 힘들었는지 알아주는 엄마는 내 인생에 없는 거야? 이렇게 힘든데 집안일까지 완벽해야 하는 딸이어야 하는 거야? 너무 슬퍼. 평생을 이렇게 산 내가 너무 불쌍해."

효진 씨는 엄마에게 한번도 자신의 감정을 이야기한 적이 없었습니다. 하지만 이제는 자신의 감정을 표현하며 엄마에게 경계 짓기를 시작했습니다.

효진 씨처럼 엄마에게 자주 비난을 받거나 폭언에 익숙한 딸들은 경계 짓기가 어렵습니다. 이런 경우 먼저 자신의 감정을 직접적으로 표현하는 것이 좋습니다. 엄마가 하는 행동 때문에 내가 겪는 마음의 고통을 전하며, 넘지 말아야 할 선을 알려 주는 것이지요.

효진 씨의 엄마는 이런 효진 씨의 반응을 보고는 깜짝 놀랐다고 합니다. 그리고 "그 말이 그렇게까지 울 일이냐"라는 말을 덧붙였습니다.

하지만 계속해서 "엄마가 그렇게 말하면 내 마음이 무너져", "엄마가 나에게 그런 요구를 하면 나는 너무 부담스러워"라고 자신의 감정을 알리며 경계를 지었지요. 그랬더니 놀랍게도 효진 씨 앞에서 말을 조심하는 엄마의 새로운 모습을 보게 되었다고 합니다.

사례 2: 자신이 힘들어지더라도 경계의 중요성을 알리기

지연 씨의 엄마는 손녀를 돌보며 지연 씨에게 많은 핀잔을 주었습니다. 손녀가 밖에서 모기가 많이 물린 것을 보고는 지연 씨를 탓했습니다. 어느 날은 지연 씨가 밖에서 반찬을 사 먹는다고 "너는 엄마라는 애가 반찬도 안 할 거면 왜 애를 낳았냐. 한심하다"라고 말을 했지요.

지연 씨는 엄마가 아이를 돌본다고 비난을 해도 되는 것은 아니라고 표현하기로 했습니다. 물론 이전에도 몇 번이고 경계를 짓고 싶었습니다. 하지만 "애 돌보는 걸 고마워하지도 않고 그게 할 소리냐, 자꾸 그러면 내일부터 안 온다"라는 협박에 포기했지요. 엄마가 자신의 아이를 돌보지 않아 일에 지장이 생길까 봐 엄마의 쓴소리를 감내했습니다.

이런 경우 심리적 주도권이 엄마에게 있기 때문에 불편한 부분이 있어도 경계 짓기가 어렵습니다. 지연 씨는 이번에는 자신이 희생하더라도 경계를 짓기로 결심했습니다. 지인의 소개로 아이 돌볼 분을 구한 뒤 엄마에게 말했지요.

"엄마, 아이를 봐줘서 고맙지만 나는 엄마에게 용돈도 드리면서 아이를 부탁하잖아요. 그렇게 나를 비난하면 더 이상 엄마 보기가 힘들어져요. 내가 집안일 안 해도 나는 행복하게 잘 살고 있으니 그런 이유로 나에게 뭐라고 하지 말아요. 그 부분에 대해서 더 이상 나한테 말하지 마요."

놀랍게도 지연 씨가 이렇게 말하자 엄마의 비난이 오히려 줄어들었다고 합니다. 엄마도 자신의 말로 인해 딸과 사이가 틀어지고, 손녀까지 못 보고, 용돈을 받지 못하는 것을 원하지 않았기 때문입니다.

이처럼 때로는 경계를 분명하게 짓기 위해서는 어려움과 불편함을 감당해야 합니다. 경계 짓기가 어려운 이유는 상처 주는 엄마로부터 누리는 혜택이 있기 때문입니다. 혜택을 포기하기보다 불편한 소리를 참는 선택을 한 것이지요.

사례 3: 관계가 멀어지더라도 단호하게 경계를 알리기

민지 씨는 딸과 함께 자신의 친정 아빠를 만나러 갔습니다. 민지 씨의 아빠는 평소 술을 마시면 언행이 거칠어집니다. 민지 씨는 손녀 앞에서도 욕설을 하는 아빠의 모습이 너무나 불편했습니다.

민지 씨는 아이를 보여 주지 못한다는 미안함을 안고서라도 경계를 짓기로 했습니다. 아빠의 욕설로 아이에게 자신이 겪었던 공포와 불안을 계속해서 경험하게 할 수 없었습니다.

민지 씨는 "아빠, 술을 마시는 것은 괜찮지만 욕설을 하는 모습을 보이면 더 이상 아빠를 만나러 올 수 없어요. 아빠가 준비가 되었을 때 다시 연락해요"라고 단호하게 말했습니다.

이것은 궁극적으로 관계를 보호하는 선택입니다. 자신을 지키고 돌볼 수 있는 선택을 해야 합니다. 그래야 결과적으로 또 다른 정서적 피해자를 만들지 않으며 건강한 관계를 만들 수 있습니다.

딸이기 때문에 부모의 모든 행동을 이해하고 수용하는 것은 오히려 그 관계를 그르치는 행위입니다. 심리적으로 미성숙한 부모들에게는 아이에게 훈육을 하듯 넘지 말아야 할 선을 말해 주는 경계 짓기가 필요합니다.

관계를 행복하게 유지할 수 있는 안전거리를 찾아야 하지요. 언젠가 또다시 겪을지도 모르는 스트레스와 위험 부담을 감수하며 관계를 이어 가는 행동은 결국 나를 해치는 일입니다.

경계 짓기는 현재를 수용하는 것

정신건강의학과 강은호 전문의는 책《상처받은 나를 위한 애도수업》에서 정신분석의 최종 종착점을 '진정한 자유로움'이라고 표현합니다. 그가 생각하는 자유로움은 '수용(받아들임)'입니다. 이 수용은 외부적인 제약이나 조건을 있는 그대로 받아들이는 것을 포함해, 더 중요하게는 자신을 받아들이는 행위입니다.

수용한다는 것은 스스로를 좀 더 냉정하게 본다는 뜻이기도 합니다. 내가 할 수 있는 것과 없는 것, 바꿀 수 있는 것과 없는 것, 해야 하는 것과 하지 말아야 할 것들을 분명하게 구분할 수 있지요. 그렇게 되면 거기에 맞춰 조금 더 적극적인 삶의 태도를 가질 수 있습니다.

여러분이 부모와의 경계 짓기를 고민하는 이유는 결국 부모와의 관계를 있는 그대로 수용하겠다는 마음의 태도가 부담되기 때문입니다. 바꿀 수 없는 것과 하지 말아야 할 것을 분명하게 구분하고 조금 더 냉정하게 이 관계를 바라보세요. 그 경계 안에서 함께 사랑하고 마음을 주고받아야 건강한 관계를 유지할 수 있음을 기억하길 바랍니다.

제한 설정으로
모녀관계 지키기

주희 씨는 성인이 되어서도 지속되는 엄마의 간섭에 너무나도 지쳐 있었습니다. 얼마 전에는 주희 씨가 씻으러 간 사이에 울리는 주희 씨의 전화를 엄마가 받은 일이 있었습니다. 엄마는 전화를 받아 "주희에게 연락하지 말고, 불러내지 마라"라고 언성을 높여 말하고 끊었습니다.

주희 씨는 엄마의 손아귀에 꽉 붙들려 있는 듯한 느낌 때문에 가슴이 답답했습니다. 지금까지는 자신이 중학생이라서, 고등학생이라서 참을 수 있었습니다. 하지만 성인이 되어서도 자신의 삶에 침범하려고 하는 엄마를 보니 점점 화가 났습니다.

주희 씨는 엄마 앞에서 자신의 분노와 절망을 다 쏟아놓기 시작했습니다. 그 결과 엄마에게 "고작 전화 한 통으로 엄마를 잡아먹으려고 하는 나쁜 딸"이라는 말을 들어야 했습니다. 그 전화 한 통만 보더라도, 주희 씨가 살아온 지난한 삶을 느낄 수 있었습니다.

"그렇게 내 친구도 다 끊어 놓고 이제 숨 좀 쉬며 살아 보겠다는데, 또 내 삶을 다 끊어 버리려고 해? 내가 언제까지 엄마 옆에만 붙어 있어야 해? 나는 엄마 친구가 되어야 했고, 엄마 남편이 되어야 했고, 엄마의 엄마가 되어야 했어. 이제 지긋지긋해."

주희 씨는 원한 섞인 화를 쏟아내면서 오열했지만, 그 슬픈 감정이 어느새 자기도 모르게 멈췄다고 합니다.

"선생님, 제가 화를 막 내고 있는데 어느 순간 눈물이 멈췄어요. 엄마가 불쌍하게 나를 쳐다보고 있었어요. 이렇게 불쌍한 엄마한테 화내는 내가 너무 불효녀 같아서 울 수도, 화를 낼 수도 없었어요."

주희 씨는 자신의 처절한 삶을 그 누구에게도 이해받을 수 없었습니다. 이에 더해 주희 씨 스스로도 자신의 편이 되어 줄 수 없었지요. 주희 씨의 말을 듣고 힘들어하는 엄마의 감정을 돌보느라 자신의 슬픔을 숨길 수밖에 없었습니다.

엄마는 주희 씨가 감정을 멈추자 "어떻게 네가 엄마한테 그렇게 해", "네가 그러면 엄마가 얼마나 힘든데, 어떻게 너마저 나한테 그러니"라며 오히려 자신의 마음을 이해받기를 바랐습니다. 주희 씨는 그런 엄마가 투정부리며 떼를 쓰는 다섯 살 어린 소녀처럼 보였다고 합니다.

미성숙한 부모는
아이처럼 대해야 한다

미성숙한 부모와 관계를 지키기 위해서는 마치 아이를 육아할 때와 같은 마음가짐이 필요합니다. 정서적으로 위축되어 있는 아이를 다루듯 부모를 대해야 하지요. 이때 지녀야 할 태도는 바로 '제한 설정'입니다.

놀이치료 학자 무스타카스는 "제한 없이는 어떠한 치료도 이루어질 수 없다"라고 말합니다. 아이의 요구를 무조건 수용하며 이해해 주는 것은 아이의 심리적 성장을 오히려 방해하기도 합니다. 무스타카스의 말처럼 제한 없이는 어떠한 치료나 마음의 성장도 일어날 수 없습니다.

미국 공인상담가인 게리 랜드레스 또한《놀이치료 치료관계의 기술》이라는 저서에서 '치료적 제한 설정'이라는 개념을 소개합니다.

그녀는 제한은 단지 아이의 행동을 막기 위한 설정이 아니며, 수용하는 심리적 성장 원리를 터득해야 하기 때문에 설정한다고 말합니다. 제한 설정이야 말로 동기와 자각, 독립과 수용에 대한 욕구, 인간관계 등과 관련된 본질적인 변수를 다룰 수 있는 방법이지요.

단지 정서적으로 미성숙한 부모의 행동을 거절하기 위해 제한하는 것이 아닙니다. 부모와 나와의 관계에서 한계를 수용하는 심리적 성장 원리를 터득하기 위해서 해야 하지요.

아이 같은 부모에게 제한을 설정하는 법

정서적으로 미성숙한 부모들은 자신의 삶에서 좌절된 욕구와 정서를 자식을 통하여 무조건적으로 충족하려고 합니다. 정서적으로 자녀를 압도하여 자신의 결핍된 욕구를 충족하려 하지요. 이럴 때 정서적으로 미숙한 아이를 대하듯 우리는 부모에게 한계 설정을 해야 합니다.

이는 '불쌍하고 가여운 엄마를 내치는 일'이 아닌 정서적으로 어린아이 같은 엄마를 '성장하게 할 시간'으로 바꿔서 생각할 필요가 있습니다.

제한 설정의 원리를 적용해 보면 아래와 같습니다.

상황 엄마가 내 전화를 대신 받아 친구에게 '다시는 전화하지 마라'라고 말한 것을 알게 되었을 때

가장 먼저 엄마의 감정, 소망, 욕망을 이해해야 합니다. 이런 행동을 한 엄마는 정서적으로 미성숙한 상태입니다. 마치 어린아이의 수준으로 퇴행한 상태와 같지요.

그런 상태에서 엄마를 비난하거나 반대로 아무런 대항도 하지 못하면 안 됩니다. 그럼 엄마가 또다시 나의 심리적 취약한 부분을 공격하여 나를 지키지 못하게 됩니다.

이럴 때는 엄마가 하는 말과 행동 이면의 것은 인정하고 수용한다는 사실을 알려 줍니다.

표현하기 "내가 밤늦게 친구 전화 받고 밖에 나갈까 봐 걱정되었구나."

그다음 제한을 설정하여 전달해야 합니다. 감정의 공감 뒤에

제한을 설정합니다. 제한은 구체적으로 무엇을 하지 않길 원하는지 설명할 수 있어야 합니다.

그렇게 행동하는 이면의 감정은 이해하지만 행동에 대해서 제한을 설정하는 것이지요. 또는 그 행동이 나에게 어떤 감정을 느끼게 하는지를 표현하여 제한을 설정할 수 있습니다.

표현하기 "하지만 몰래 내 전화를 받아서 친구에게 '전화하지 마라'라는 말을 하면 내가 불편해."

마지막으로 내가 수용 가능한 대안을 제안합니다. 제한에서 마무리하지 않고 대안을 함께 제시하는 것이 좋습니다.

표현하기 "내 친구의 전화를 받아서 말하지 말고, 걱정된다고 나한테 직접 표현해 줘. '니가 친구 전화 받고 밤늦게 나갈까봐 걱정 된다'라고 말해 줘. 그래야 내가 엄마 마음을 이해하고 다르게 행동할 수 있어."

위와 같은 방법으로 엄마를 제한하면 엄마로부터 나를 지킬 수 있습니다. 이뿐만 아니라 정서적으로 미성숙하여 어린아이로 퇴행한 엄마를 근본적으로 도울 수 있습니다.

물론 제한 설정이 일시적으로는 엄마에게 받아들여지기 힘들

가능성이 높습니다. 하지만 다른 감정을 쏟아낸다 하더라도 더 안전하고 좋은 관계를 위해 지나야 하는 과정이지요.

긍정적 투사로
엄마를 물들이기

얼마 전 공원에 갔다가 흥미로운 경험을 했습니다. 공원을 청소하시는 할머니께서 더러워진 벤치를 보며 화를 내는 모습을 보았습니다. 바닥을 빗자루로 쾅쾅 치고 욕설을 하며 벤치를 더럽게 만든 사람들에게 화를 내고 계셨지요.

주변에 앉아 있던 사람들은 머쓱해하기도 하고 불안해하며 자리를 모두 피했습니다. 그런데 옆을 지나가던 아기가 아장아장 걸으면서 할머니 얼굴을 보더니 "함미! 함미!"라며 웃으며 할머니께 다가갔습니다.

험악한 분위기를 연출하던 할머니는 아이가 '함미' 하며 다가오자 "아이구, 예쁜 공주님이 왔네"라며 목소리가 달라졌습니다.

무서운 할머니의 모습은 온데간데없고 친절하고 사려 깊은 할머니의 모습으로 아이를 대했습니다. 할머니는 바지 속에 있던 사탕 하나를 아이 손에 쥐어 주며 아이를 쓰다듬기까지 하셨지요.

부정적인 감정을
사라지게 만드는 긍정적 투사

저는 이 장면을 보면서 '긍정적인 투사'의 과정이 떠올랐습니다. '투사'라고 하면 보통 부정적인 의미로 많이 사용됩니다. 투사는 미성숙한 방어기제 중 하나입니다. 내가 받아들이기 힘든 욕망이나 감정을 다른 사람도 느끼도록 만드는 심리적 현상을 말합니다.

분노하는 자신, 질투를 느끼거나 편견을 가진 자신 등 자신이 부정적인 사람이라고 느낄 때 나타나지요. 스스로의 모습에 불안을 느껴 다른 사람에게 "너 화가 났네", "너 지금 질투하고 있지?"라며 덧씌웁니다. 자신의 내면 갈등을 타인을 통해 해소하려는 방어기제이지요.

하지만 이와 반대로 긍정적인 투사도 가능합니다. 아이가 긍정성, 순수함, 친절함을 가지고 화가 난 할머니를 대할 때 할머니의 정서가 변한 것처럼 말이지요. 아이가 가진 긍정적 정서가 투사되어 할머니의 부정성을 낮추고 할머니 속에 잠재한 친절함을 불러일으킬 수 있었습니다.

긍정적인 투사를 활용하자: 사랑의 통역 장치

나영 씨는 엄마 역시 친밀감을 나누는 정서적 유산, 언어적 유산을 자신의 부모로부터 물려받지 못했다는 사실을 알게 되었습니다. 또한 엄마의 말과 행동 뒤에 가려져 있는 엄마의 본심인 사랑과 걱정을 느낄 때도 있었지요. 엄마의 표현이 그 본심을 가리는 것이 너무나 안타까웠다고 합니다.

나영 씨는 엄마의 본심을 헤아릴 수 있었지만, 막상 엄마에게 가까이 다가가면 말과 행동으로 상처를 받게 되니 힘들어했습니다. 나영 씨는 엄마를 대할 때 긍정적 투사를 활용해 보기로 했습니다.

나영 씨는 엄마를 만나러 갈 때 항상 머릿속으로 '사랑의 통역 장치'를 가지고 있다고 상상했습니다. 그리고 엄마가 하는 말들을 그 사랑의 통역 장치를 걸러서 들었지요.

"요즘 왜 그렇게 살이 쪘니?"라는 말을 들으면 사랑의 통역 장치를 통해 해석해서 답했습니다. "아, 내가 인스턴트 많이 먹어서 건강 나빠질까 봐 걱정하는 거구나?"라고 말이지요. 화장을 왜 그렇게 했냐는 말을 들으면 "내가 화장을 진하게 해서 피부가 나빠질까 봐 그렇구나. 좋은 크림 하나 사줘~"라고 대답하기도 했지요.

이렇게 했더니 가장 먼저 자신을 부정적인 마음으로부터 지킬 수 있었습니다. 동시에 이것이 엄마와의 관계에 영향을 미쳐 둘 사이에는 긍정적인 감정이 흘렀다고 합니다.

실제로 엄마의 본심은 사랑의 통역 장치를 통해 해석한 마음과 같은 부분이 있었기 때문입니다. 나영 씨의 엄마는 웃음을 보이며 "그래, 내 말이 그 말이다", "그래, 네 말처럼 걱정되네"라고 자신의 마음을 더 쉽게 전달할 수 있었습니다.

엄마가 어떠한 부정적인 반응을 하더라도 나영 씨는 자신의 마음에 긍정성과 친절함을 채워 넣었습니다. 그리고 엄마가 그것에 물들도록 긍정적 투사 작용을 적용했습니다.

물론 나영 씨는 자신과의 관계를 위해 노력하는 엄마에 대한 기대를 내려놓아야 할 때 씁쓸함과 서러움을 느끼기도 했습니다. 왜 매번 자신이 노력해야 하는지 서글픈 마음도 있었지요. 하지만 이러한 긍정적인 투사가 반복되자 엄마는 조금씩 어떻게 하면 딸과 긍정적으로 소통할 수 있는지 배울 수 있었습니다.

엄마에게 원하는 모습, 기대하는 모습이 있나요? 부모이기 때문에 부모가 먼저 바뀌고, 변화해야 하고, 노력해야 하는 것은 당연합니다. 하지만 부모가 정서적으로 깨달을 수 없을 때는 잠깐 손을 뻗어 돌다리를 오를 수 있도록 도울 수도 있습니다.

그렇게 돌다리를 넘어 더 넓은 곳에서 행복과 평안을 함께 누려 본다면 엄마 역시 돌다리를 오르고 싶어 할 것입니다. 더 나아가 딸의 도움을 받지 않고 스스로 돌다리를 오르려고 노력하는 엄마의 모습도 볼 수 있지 않을까 생각합니다.

엄마의 부족함을
인정하기

    우리는 엄마와 대화하면서 서로의 의견을 듣고 합의점을 찾는 성숙한 모습을 기대하곤 합니다. 하지만 딸에게 상처를 주는 엄마에게 이 과정을 기대하기란 참 어렵습니다.

    서로 소통하기보다는 일방적인 강요와 지배, 통제와 강압 소통이 익숙하지요. 이렇게 소통하는 이유 중 하나는 그들의 '자기(Self)'가 취약한 상태이기 때문입니다. 자기의 개념을 통해 인간의 심리를 이해하고자 한 대상관계 이론가 하인즈 코헛은 자기란 성격의 핵심이라고 표현합니다.

    자기가 발달과정에서 얼마나 강하게 응집되는가에 따라 성격구조가 결정됩니다. 다시 말하면 심리적으로 건강한 사람은 자기가 잘 응집되고 통합된 상태입니다. 반면 그렇지 못한 사람들은 자기가 응집되어 있지 않아 취약하고 자기의 강도가 약한 상태이지요.

'자기'가 취약한 엄마가
딸을 통제하는 이유

《상처받은 내면아이》의 저자 존 브래드쇼는 이 자기를 '놀라운 아이'라고도 표현합니다. 존 브래드쇼 역시 이 놀라운 아이에게는 경이, 낙천주의, 순진함, 의존성, 감정, 쾌활함, 자유로운 활동, 독특성, 사랑과 같은 특징을 가지고 있다고 말합니다.

이러한 자기는 곧 존재의 핵심이 되기도 하며, 우리가 신(God)에게 부여받은 나의 태초의 상태라고도 합니다. 나의 자기를 회복하게 될 때만이 삶의 목적, 자신에 대한 생생한 느낌, 삶의 활기와 더불어 스스로에 대한 확신을 가질 수 있습니다.

정서적으로 미성숙한 엄마는 자기가 매우 취약한 상태입니다. 자신의 자기를 다루기 어렵기 때문에 딸을 통해 취약한 자기를 보상받고자 합니다. 이들은 무의식적으로 딸의 고유성을 강압적으로 누르고 통제하며 박탈시킵니다. 딸이 개별성을 가진 고유한 자기를 발달시켜 나가는 것을 자신에 대한 위협으로 생각합니다.

내담자 민주 씨는 육아를 하면서 엄마의 심리 상태가 자신의 아이보다도 어리다는 것을 실감하였다고 합니다.

막 돌이 되어서 걷다가 넘어지길 반복하는 민주 씨의 딸이 어딘가에 부딪혀 넘어졌습니다. 그 모습을 본 민주 씨의 엄마는 돌 지난 아이를 향해 "야! 할머니 놀랐잖아!"라고 호통을 쳤습니다. 민주 씨는 넘어져서 아플 아이의 마음과 서러움이 눈에 들어왔는데, 그 순간에도 자신의 감정을 우선시하는 엄마의 모습에 당황했습니다.

또 한 번은 이런 일도 있었습니다. 이제 말을 하기 시작한 아이가 할머니에게 예쁜 핀을 끼워 주었습니다. "할머니 이뻐?"라고 묻자 아이가 "아니"라고 답했습니다. 그러자 "그럼 당장 빼! 안 예쁜데 왜 끼운 거야?"라고 말하며 수치스러워하는 민주 씨의 엄마가 보였습니다.

그 모습을 본 민주 씨는 심리적으로 세 살 아이 같은 엄마에게 성숙한 공감과 이해를 바란 자신을 후회했습니다. 동시에 슬픔과 쓸쓸함을 경험했다고 합니다.

취약한 자기를 지닌 이들은 아주 작은 자극도 그 취약함이 자극되어 위협으로 느낍니다. 이러한 이유로 쉽게 상대방에게 호통을 치거나 비난하며 정서적으로 상대를 장악하려고 하지요. 분노라는 감정을 경험할 때는 자신이 단단하고 강한 것 같은 느낌을 받기 때문입니다.

견고하지 못한 자기를 가진 부모의 특징

자기가 견고하지 못한 엄마는 엄마이지만 아이 같은 미성숙한 욕구를 가질 수도 있습니다. 이들의 정서적 특성은 아래와 같습니다.

엄마이지만 아이의 기쁨이 달갑지 않을 수 있다.
엄마이지만 아이의 성장과 성취가 기쁘지 않을 수 있다.
엄마라도 아이의 내면세계의 성장을 방해할 수 있다.
엄마라도 아이에게 사랑을 주기보다 고통을 줄 수 있다.
엄마라도 아이보다는 자신의 욕구가 먼저일 수 있다.

이들의 자기는 너무도 취약해 누군가를 무조건적으로 사랑하거나, 다른 사람의 감정을 알아줄 수 없습니다. 그래서 딸은 엄마를 충분히 누릴 수 없지요. 이러한 엄마의 행동은 딸에게 심리적 오류로까지 이어집니다. '내가 사랑받을 존재가 아니라서 엄마가 사랑을 주지 않았어'라고 생각하게 되지요.

하지만 내가 사랑받을 만한 사람이 아니라서가 아닙니다. 그저 엄마는 내가 생각한 것보다 훨씬 취약하고 미성숙하기 때문임을 기억하길 바랍니다.

엄마를
포기하기

지수 씨는 엄마의 내면세계가 마치 세 살 아이와 같다고 받아들인 뒤로 맥이 빠진 듯한 상실감을 느꼈습니다. 차라리 부모가 '사랑을 주지 않았다'라고 생각했을 때는 마음껏 미워하고 원망할 수 있었습니다. 하지만 '줄 수 없었다'라는 사실을 알게 되니까 모든 힘이 다 빠진다고 말합니다.

모든 딸들의 마음속에는 바라는 엄마의 모습이 있습니다. 공감해 주는 엄마, 필요할 때 내 곁에 있어 주는 엄마, 내 기분이 어떤지 묻는 엄마, 내가 속상할 때 관심을 가져 주는 엄마, 내가 실수 했을 때 내 편이 되어 주는 엄마를 원합니다.

일시적으로만 엄마와의 관계가 고통스럽다고 생각하지요. 언젠가는 엄마로부터 내가 원하던 것을 누릴 수 있고, 친밀함을 나눌 수 있을 것이라는 기대를 가지고 있습니다.

하지만 내 고통을 마주하고 이해할수록 어쩌면 내가 원하는 그 엄마는 없다는 '진실'을 마주하게 됩니다. 내가 바랐던 엄마를 결코 누릴 수 없다는 사실은 너무나 큰 상실감으로 다가옵니다.

환상 속의 엄마에서 벗어나자

지수 씨 역시 엄마에 대한 기대를 놓을 수가 없습니다. 과거에 상처받은 일로 위로와 헤아림을 받고 싶을 때마다 엄마에게 전화를 했습니다. 하지만 "너는 왜 옛날 일을 아직도 가슴에 품고 사니 정말 징그럽다"라는 말을 들을 뿐이었지요. 지수 씨는 수십 번 기대가 좌절되는 아픔을 감당해야 했습니다.

사실 지수 씨가 그리워했던 엄마는 '환상 속에 있는 엄마'였습니다. 지수 씨는 숱한 좌절과 상실을 경험하며 진실과 마주했습니다.

"선생님, 제가 그리워했던 엄마는 영화나 드라마에 나오는 엄마이지, 내 삶에서는 결코 누릴 수 없는 엄마였어요. 환상 속 엄마만 바라는 것은 스스로에게 상처를 주는 일이에요. 이제는 알겠어요."

지수 씨는 자신이 가진 환상 속 엄마에게 기대하고 실망하기보다는 스스로가 보호자가 되기로 결심했습니다.

정서적으로 미숙한 부모를 둔 자녀의 개인 심리치료를 전문으로 하는 심리학자 린지 C. 깁슨은 《부모로부터 받은 마음의 상처 치유하기》에서 이 과정에 대해 아래와 같이 설명합니다.

부모의 변화에 대한 기대를 포기하는 것이 더 건강한 방법이다. 그들의 도움을 갈망하는 것을 멈출 때, 자신의 정서적 욕구와 연결될 수 있다. 그러고 나면 당신의 미래 발전, 향후 인간관계에 더 단단한 유대감이 생길 것이다.

저는 내담자들이 부모에 대한 기대를 포기하며 경험하는 상실감, 비탄의 정서를 표현할 때 상담의 끝이 다가오고 있음을 느낍니다.

상실의 고통을 겪은 뒤
안정이 찾아온다

상담을 하다 보면 엄마와의 관계 때문에 우울증으로 힘들어하는 딸이 많다는 것을 알게 됩니다. 우리는 엄마를 포기할 수 없어서 우울하고, 분노하고, 고통받습니다.

희망 고문처럼 받을 수 없는 사랑을 끊임없이 기대합니다. 조르고, 싸우고, 요구하고 다투면서까지 말이지요. 내가 원하는 엄마를 얻고야 말겠다는 마음이 결국 우리를 자꾸만 엄마에게 매달리게 만드는지도 모릅니다.

하지만 이 우울이 결국 상실로까지 이어져야 합니다. 그래야 최종적으로 엄마에 대한 기대를 내려놓고 안정감을 찾을 수 있습니다.

심리학자 그린버그와 파비오는 정서중심치료(EFT)에서 내담자들의 심리적 정서 변화의 과정을 제시했습니다. 내담자는 상담 초기 전반적인 고통을 호소하며 두려움, 수치심과 같은 부적응 정서(예: 나는 사랑받을 가치가 없다)를 경험합니다. 부적응 정서는 나에 대한 부정적인 평가와 동시에 사랑받고 싶은 욕구를 이끕니다.

이렇게 자신의 진정한 욕구를 표현하게 되면서 상담 중기에 접어들면 보호적 분노(예: 나는 사랑받을 자격이 있었어)를 경험하거나 사랑받지 못했던 자신에 대한 연민의 정서를 느낍니다.

상담 후기에는 자신이 누릴 수 없었던 사랑에 대한 상처, 비탄의 감정을 경험합니다.

그린버그와 파비오는 이 모든 감정이 지나간 뒤 내담자가 수용감과 주체성을 발휘하게 된다고 주장합니다. 내담자가 호소했던 정서의 의미가 자신을 돌보는 영역으로 변화되는 것이지요.

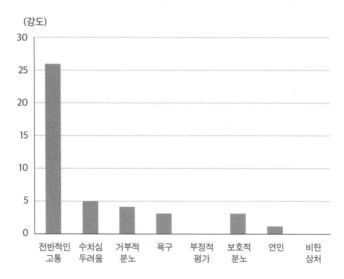

정서 의미 상태의 분류척도를 사용한 연구 평가 - 초기(상담 1~5회차)

정서 의미 상태의 분류척도를 사용한 연구 평가 - 중기(상담6~11회차)

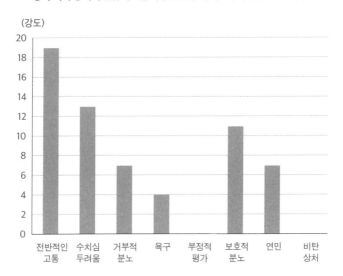

정서 의미 상태의 분류척도를 사용한 연구 평가 - 후기(상담 12~16회차)

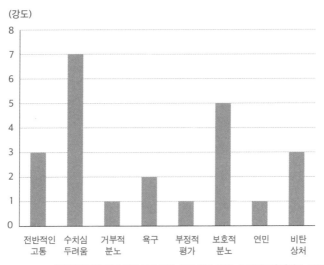

〈정서중심치료에서 정서 도식 변화: 사례 연구 조사〉, 그린버그와 파비오, 1999

4장 엄마에게 받은 상처를 치유하는 법

그래프를 보면 상담 초기에는 전반적인 고통 상태로서 우울감
이 가장 높았지만 심리상담이 이어질수록 그래프에 다양한 정
서가 나타난다는 사실을 알 수 있습니다. 고통에 빠져 있을 때는
자신이 어떤 감정을 겪는지 세밀하게 알아차리지 못하지만, 상
담사와 고통을 세밀하게 들여다보며 자신의 감정을 이해하게 되
지요.

후기에 이르면 비탄의 정서를 경험하게 됩니다. 자신이 원했
던 부모의 모습에 대한 욕구가 선명해질수록 그 욕구를 충족시
켜 주는 부모를 가질 수 없다는 큰 상실감이 생깁니다.

이 상실의 정서를 경험하는 일은 너무나 고통스럽습니다. 마
치 사랑하는 사람을 떠나보낼 때 겪는 비통함, 애통함과도 가깝
지요. 이 고통을 겪고 싶지 않은 우리는 감정을 분노나 우울로
위장해 표출합니다. 이때쯤 딸들은 아래와 같이 표현하기도 합
니다.

"선생님, 이런 말을 하면 안 되지만, 차라리 엄마가 없었다면
더 담담히 받아들일 수 있을 것 같아요. 엄마가 버젓이 살아 있
는 데도 위로받지 못하고, 사랑받을 수 없다는 사실이 저를 더 비
참하고 슬프게 만들어요."

하지만 상실을 거쳐야 고통이 지나갑니다. 상실의 고통이 지나가면 부모의 부족하고 취약하고 공감해 주지 못하는 모습을 보더라도 '신경 쓰지 않는 상태'를 경험할 수 있습니다.

우리가 바라던 환상적인 엄마의 모습을 꼭 엄마에게서만 채울 수 있지는 않습니다. 사실 삶을 살아가다 보면 엄마에게 받지 못했던 허기짐을 다른 모습으로 채워 주는 사람들을 만나기도 합니다.

힘들 때 섬세하게 마음을 이해해 주는 친구, 동료 또는 남편, 자녀, 공동체 등 여러 형태로 존재하지요. 삶은 당신의 허기짐을 채워 주기 위해 이 모습 저 모습으로 노력하고 있습니다. 당신이 그것을 발견하기만 하면 됩니다. 당신의 허기짐은 다른 이들로부터 그리고 자신으로부터도 채워나갈 수 있습니다.

내가 원했던
엄마 되어 주기

상실감의 터널을 지나오면 내담자들에게 발견되는 놀라운 모습
이 있습니다. 바로 자기 돌봄의 힘을 키우려고 하는 모습입니다.
비록 나의 엄마는 내가 원하는 사랑을 주지 못하지만, 스스로에
게 무조건적인 사랑을 주리라 다짐하는 순간을 맞이합니다.

엄마부터도, 나로부터도 돌봄을 받을 수 없었던 내면아이를 발
견하고, 스스로를 위해 강인한 힘을 내기 시작하지요. 우리는 내
가 원했던 엄마를 나에게 직접 선물해 줄 수 있습니다. '자기 돌
봄'이라는 힘으로요.

진정한
자기 돌봄이란

자기 돌봄이란 자신을 신체적, 심리적, 정서적, 영적, 관계 및 성장을 위한 활동들을 의미합니다. 마음의 고통으로부터 해방되고 안정을 지키기 위해 심리상담을 받고, 자신의 정서를 알아차리고 표현하는 행동을 예로 들 수 있습니다.

또한 영적 자기 돌봄은 신과의 친밀한 관계를 통하여 사랑을 받고 삶의 의미와 가치를 찾는 활동입니다. 자신에게 정서적 고통을 주는 사람과는 적절한 경계를 짓고, 신뢰하는 사람들과 함께 내면의 이야기를 나누고 친밀감을 누리는 관계적 자기 돌봄도 있지요.

심리상담을 이어 가며 자신의 경험을 애도하면 얼룩진 상처는 '자기 존재'와 분리되기 시작합니다. 그렇게 나의 존재와 상처가 분리되면 모든 내담자들이 그토록 찾고자 했던 자기 존재의 핵을 만나게 됩니다. 이는 잃어버렸던 자신을 의미합니다.

자기 존재는 상처 입은 아이, 수치스러운 아이, 죄책감을 느끼는 아이라는 이름으로 가려져 있었습니다. 그 아이를 이제는 사랑받아야 했던 아이, 즐겁고 행복해야 했던 아이, 사랑을 나누고 싶었던 아이로 생각하며 자신을 돌보고 싶은 욕구가 생기지요.

《심리치료에서 정서를 어떻게 다룰 것인가》 저자 그린버그는 심리치료를 받는 내담자들이 부정적인 정서를 경험할 때 주목할 부분이 있다고 말합니다. 발생 과정을 자각하는 것도 중요하지만, 이 단계를 넘어 내담자들이 보이는 변화가 있다는 것이지요.

내담자들은 불편한 감정이 찾아왔을 때 자신의 좌절된 욕구를 보상하기 위해서 어떻게 행동할지 고민하게 됩니다. 그 욕구를 충족시켜 주는 스스로의 능동적인 주체가 되지요. 삶을 살아가면서 마주하게 되는 불편한 감정과 과거의 기억을 자극하는 상황은 피할 수 없습니다.

이때 우리의 자아는 감정에 압도당하기보다 스스로를 돌보면서 좌절된 욕구를 충족하는 능동적인 역할을 하기 시작합니다. 이런 돌봄의 방법들은 살아온 방식에 따라 각자 다른 모습일 수 있습니다.

각자 다른
자기 돌봄의 방식들

희영 씨의 엄마는 늘 바빴던 탓에 희영 씨에게 따뜻한 밥 한 끼 해 주는 것이 어려웠습니다. 희영 씨는 최근 어린 시절 자주 먹었던 냉동 음식을 보자 자신이 방치되어 있던 과거 상처가 생각나 슬퍼졌지요.

그런 희영 씨는 자신을 안쓰러워하면서도 스스로를 위해 무언가 해 주기로 했습니다. 맛있는 된장찌개와 계란말이를 만들고, 마음에 드는 그릇에 담아 정성스럽게 자신에게 음식을 대접했습니다. 자신이 누려야 했던 그 모습을 자신에게 선물했지요.

세은 씨는 자신이 가장 외롭고 힘들 때 "너는 너무 예민해", "뭐 그런 걸로 힘들어하니?"라는 비난을 들은 경험이 있다고 합니다. 그 말은 세은 씨를 정서적으로 오래도록 외롭게 한 상처가 되었습니다.

하지만 이제 세은 씨는 힘들 때마다 자신에게 위로와 헤아림을 담은 편지를 쓰며 스스로에게 정서적 양식을 먹입니다. '이렇게 우울하고 속상한 건 당연해', '나는 충분히 내 감정을 느끼고 있어', '이렇게 느끼고 슬퍼하는 건 나를 위해 필요한 과정이야'라며 정서적 돌봄을 스스로에게 채워 주고 있습니다.

유라 씨는 신체적으로 학대를 받았습니다. 스스로도 자신을 미워하고 자신의 몸에 대해 수치스러움을 느꼈습니다. 늘 건강하지 못한 음식과 폭식으로 몸을 돌보지 않았고, 과도하게 일을 하며 자신을 늘 혹사시켰습니다.

스스로를 위험한 행동과 긴장 상태에 노출시키며 두려움과 학대를 받을 때의 감정을 계속 느꼈습니다. 그런 유라 씨는 자신을 위해 가장 먼저 몸을 돌보기 시작했습니다.

건강한 음식으로 식생활을 조금씩 바꾸기 시작했고, 운동을 하며 자신의 몸을 챙겼습니다. 긴장감을 일으키는 가혹한 인간관계를 멀리하고 편안한 관계를 만들기 위해 노력하고 있습니다.

소연 씨는 보수적이고 딱딱한 집안의 분위기에서 자라면서, 즐겁고 기쁜 감정을 표현하는 것을 소란스럽고 유별나다고 여겼습니다. 즐거운 감정을 느끼거나 자신의 삶을 온전히 누리는 것이 죄라고 생각했습니다.

이제는 자신에게 기쁨을 선물하기 위해서 취미 활동을 시작했습니다. 그리고 일상에서 경험하는 기쁨과 호탕하게 웃는 즐거움을 온전히 허락했습니다. 이것들이 얼마나 삶을 윤택하고 풍요롭게 만드는지 자신에게 알려 주고 있습니다.

나를 돌보며
엄마를 물들이다

이렇듯 스스로에게 자기 돌봄을 주는 것이야말로 우리가 그토록 누리고 싶었던 부모상을 자신에게 선물하는 일입니다. 어쩌면 엄마도 이러한 삶을 누려보지 못 했기에 나와 함께 누리지 못했을 수도 있습니다.

진짜 나를 만나는 방법을 찾고 내 삶에 활력을 되찾을수록 그러한 에너지는 당신이 사랑하는 엄마 또한 물들일 수 있습니다. 당신이 경험할 행복과 기쁨, 돌봄과 누림, 슬플 때 자신을 위로하는 태도를 엄마와 공유해 보세요. 그렇게 진정한 '자기'를 찾아가는 여정이 참 가치 있는 일이라고 배우며 느끼게 될 것입니다.

설득하지 않아도 됩니다. 당신 자신에게 집중하며 당신의 존재를 행복하게 만들어 주세요. 당신에게서 솟아오르는 행복과 평안이 당신의 엄마를 설득할 테니까요.

5장

치유된 상처는
대물림되지
않는다

육아, 나의 상처를
돌보는 시간

《최악을 극복하는 법》 저자 엘리자베스 스탠리는 사람들의 마음에는 스트레스 각성에 대한 인내의 창(외부자극을 견딜 수 있는 범위)이 있다고 말합니다. 트라우마를 겪은 사람들은 인내의 창이 쉽게 좁아집니다.

어린 시절 부모의 심각한 갈등에 노출되거나 부모로부터 정서적, 신체적 학대의 트라우마를 경험했던 이들은 정서 조절이 어렵습니다. 특히 자신의 감정을 느끼며 말로 표현하는 것을 가장 힘들어합니다. 이들은 육아를 하면서 자신의 취약한 부분을 자주 마주하게 됩니다.

트라우마와
육아의 상관관계

서영 씨 역시 트라우마 때문에 육아가 너무나 두려운 과제처럼 느껴졌습니다. 아이에게 정서적 상처를 대물림하지 않기 위해 스스로 준비될 때까지 기다렸습니다. '이제 괜찮겠다' 싶어서 아이를 낳았지만, 조절되지 않는 감정으로 아이에게 상처를 주는 일이 많았습니다.

서영 씨는 양치질을 할 때 불소가 든 치약을 자꾸 먹는 아이를 보자 불안과 긴장에 휩싸였습니다. 인내의 창은 점점 좁아졌고 감정은 화로 울컥 쏟아져 나왔습니다.

"삼키면 안 된다고 했지!!!!"

서영 씨가 소리치자 아이는 겁에 질려 울상이 된 채로 자신을 한참이나 바라보았습니다.

"선생님, 감정이 쏟아질 때는 아이 얼굴이 보이지 않았는데, 쏟아 내고 나니 그 감정을 다 뒤집어 쓴 아이의 얼굴이 보였어요."

서영 씨는 화를 냈지만 그 순간에 아이의 표정이 눈에 들어온 자신이 놀라웠다고 합니다. 순간적으로 아이를 보며 미안함과 죄책감, 안쓰러움이라는 감정을 느꼈기 때문이지요.

서영 씨는 아이의 감정이 느껴지자 차분히 생각할 수 있었습니다. '아이도 잘 몰라서 그랬는데, 이렇게 크게 소리를 치다니. 이건 분명 내 감정을 아이에게 쏟아 낸 거야'라며 끓어오른 감정을 가라앉히기 위해 노력했습니다.

화의 소용돌이에서 빠져나온 뒤 아이를 앉혔습니다. 그리고 아이를 안고 사과했습니다.

"엄마가 소리 질러서 무서웠지? 엄마가 미안해. 네가 치약을 삼키니 걱정스러웠어."

자신의 엄마와는 다르게 행동하는 스스로를 보며 안도했지만, 마음 한 구석에 서글픔이 고였다고 합니다. 서영 씨는 정서적으로 학대받았던 자신의 어린 시절과 부모의 가혹했던 태도가 떠올랐지요. 서영 씨는 아이를 통해 불안하고 헤아림을 받고 싶었던 자신의 내면아이의 목소리를 들었습니다.

"나도 무서웠어요, 나도 이렇게 사과받길 바랐어요. 내 감정을 봐 주길 바랐어요. 나는 다 내 잘못인 줄 알았어요. 그래서 너무 슬프고 외로웠어요. 엄마 아빠는 자신들이 싸울 때 주먹을 꽉 쥐고 벌벌 떨고 있는 내가 보이지 않았을까요?"

그때의 어린 나에게 무슨 말을 해 주고 싶냐는 저의 질문을 들은 서영 씨는 자신의 아이를 대하듯 말하기 시작했습니다.

"그건 부모님의 잘못이었어. 부모의 미숙함 때문이야. 네가 이상해서가 아니고, 네가 느껴야 할 미안함이 아니었어.
그 순간 미처 보지 못했다면 이후에라도 널 다독여 주어야 했지. 미안하다고 사과를 받았어야 했던 거야. 내가 대신 말해 줄게 미안해. 너를 혼자 두어서 너무 미안해."

서영 씨는 이렇게 한참을 자신을 위로하는 시간을 가졌습니다.

육아를 통해
내 과거를 볼 수 있다

마음이 발달하는 과정에서 아이들은 자기중심적으로 사건을 해석하고 받아들입니다. 다른 사람의 행동과 말, 벌어진 사건을 자신의 존재와 연결 짓거나 자기 행동의 결과로 생각합니다.

그래서 어린 시절 부부싸움이나 가혹한 학대를 경험한 아이들은 '내가 나빠서', '내가 더 말을 잘 들었다면', '내가 더 힘이 셌다면 그러지 않았을 텐데'라고 자책합니다.

나아가 '엄마 아빠를 행복하게 만들지 못한 나는 무력한 존재야', '엄마를 지키지 못한 수치스러운 딸이야'라며 자신의 존재를 오해하게 됩니다. 그 오해는 부모가 바로잡아 주어야 합니다. 너의 잘못이 아니고, 우리의 무지함과 미성숙함 때문이라고 말이지요.

만약 부모가 그러지 못했다면 직접 육아를 할 때 자신의 무너지는 지점을 보고 자신의 상처를 돌보는 시간을 가질 수 있습니다. 육아는 우리의 취약한 점을 발견하게 하는 기회이자, 가장 깊은 상처를 마주하고 돌볼 수 있는 기회입니다.

다만 먼저 무너진 그 자리에서 이전과 다르게 자신의 마음을 들여다볼 용기를 내는 것이 중요합니다. 실수한 순간, 그러한 나를 질책하고 비난하기보다는 과거의 트라우마 때문에 그럴 수밖에 없었던 자신을 위로할 용기를 내기만 하면 됩니다.

서영 씨는 마음에 대해 공부하고 오랜 시간 심리상담을 진행했습니다. 그러면서 무너져 내리고 부모에게 받았던 상처를 아이에게 그대로 상처를 주기도 하는 자신의 모습에 익숙해지고 있습니다. 자신이 바라는 부모가 존재할 수 없듯, 자신 역시 완벽한 부모로 존재할 수 없다는 한계 역시 수용하고 있지요.

이 세상에 완벽한 엄마는 없습니다. 오히려 완벽해야 한다는 강박은 자신을 위로하고 다독일 기회를 빼앗지요. 그리 나쁘지 않은 엄마가 될 수 있어야 합니다. 그래야 무너질 때마다 그 무너진 자리에서 자신을 돌보고 또 아이를 돌볼 수 있습니다.

엄마가 먼저
행복해야 한다

내담자들을 만나며 가장 보람을 느끼는 때가 있습니다. 아이에게 감정을 무분별하게 표출했던 엄마가 자신의 내면세계를 이해한 뒤 아이를 대하는 방식이 달라졌을 때입니다.

어느 날, 호석이 엄마가 아이를 데리고 상담실을 방문했습니다. 호석이는 유치원에서 친구들과 갈등이 생길 때 친구를 때리거나 욕설을 하는 문제로 많은 제재를 받았습니다. 유치원 선생님의 권유로 심리상담을 받게 되었지요.

과거에서
벗어나지 못하는 엄마

호석이 엄마는 초기 면담 때 잔뜩 긴장한 모습으로 저를 경계
했습니다. 상담이 이어지자 오래 전부터 자신이 호석이를 얼마
나 학대해 왔는지에 대한 자책과 후회스러움을 꺼냈습니다.

"선생님, 어디에서도 이야기하지 않았어요. 사실 제가 화가 나
면 호석이를 많이 때렸어요. 욕도 하고 해서는 안 되는 말도 했
어요."

엄마는 자신의 행동과 말이 아이에게 하면 안 된다고 인지하고
있었습니다. 하지만 감정을 조절하지 못하고 아이에게 상처 주
었던 이유에 대해 말했습니다.

호석이 엄마 역시 정서적 학대와 아동학대의 피해자였습니다.
본인이 경험했던 부모는 자신에게 너무나 가혹했습니다. 자신은
부모처럼 절대 아이를 대하지 않으리라 결심하며 많은 노력을
했다고 합니다.

아이가 어릴 때는 육아 책도 백 권이 넘게 읽으며 공부하고, 문
화센터에 호석이를 데리고 다녔습니다. 아이와 시간을 보내려고
노력했고, 양질의 음식과 양육에 힘썼습니다. 그렇게 애썼는데

아이가 자신의 말을 잘 듣지 않거나 고집을 부리면 '내가 너를 어떻게 키웠는데…'라는 마음에 분노가 치밀어 올랐습니다. 그 화를 참지 못하고 호석이를 학대하는 일이 반복되었다고 합니다.

아이를 위한다는 핑계에서 벗어나자

호석이 엄마는 호석이에게 자신의 부모처럼 행동했다는 자책감과 후회로 가득 차 있었습니다. 개인 상담 시간에도 자신의 마음에 대해서는 말하기 어려워했습니다.

"선생님 이럴 땐 호석이에게 무엇을 해 주어야 하나요?"
"이럴 때는 어떻게 말을 해야 하나요?"

호석이와 관련된 질문을 하고 집에 돌아와 호석이에게 적용하기 바빴습니다. 호석이가 잘 따라주지 않으면 다시 우울해지고 분노가 폭발하길 반복했지요.

그런 호석이 엄마를 보며 저는 '호석이를 위한 행동'을 그만하기를 권유했습니다. 왜냐하면 그 모든 행동들이 엄마를 더 긴장하게 만들었고, 그 긴장감이 쉽게 분노로 변했기 때문입니다.

엄마의 노력은 호석이를 위한 행동이긴 했지만 한편으로는 자기 위안을 받는 왜곡된 마음이기도 했습니다. 호석이 엄마는 자신이 아이를 위해 무언가를 하지 않은 상태를 '쓸모없는 나', '부족한 엄마'로 생각했습니다. 그 초라한 감정에 매몰되지 않기 위해 호석이에게 더욱 몰두하게 되었지요.

호석이 역시 엄마와 융합된 정서적으로 유아적인 모습을 보였습니다. "호석아 오늘 기분이 어때?"라고 물으면 "저는 엄마랑 기분이 같아요. 오늘 엄마가 기분이 좋아요"라고 답했습니다. 호석이의 기분은 마치 엄마와 하나인 것처럼 보였지요.

호석이가 아무리 재미있고 행복한 활동을 하더라도 엄마의 우울한 표정을 보면 호석이 또한 우울해했습니다. 자신의 감정과 경험에 뿌리를 내리지 못하고 엄마의 감정에 금방 영향을 받는 상태였습니다.

아이를 위해서도, 자신을 위해서도 호석이 엄마는 진짜 자신과 만나야 했습니다. 저는 호석이 엄마에게 물었습니다.

"어머니, 무엇을 할 때 가장 행복하세요?"
"호석이 말고, 어머니의 요즘 마음은 어떠세요?"

호석이 엄마는 자기 자신에 대해서 질문을 받는 것이 낯설다며 한동안 아무 말 없이 울기만 하셨습니다. 그녀에겐 호석이가 자신을 '초라한 인간'이라는 느낌에서 구원해 줄 대상이었습니다.

이러한 상태가 지속되면 호석이는 자신의 삶을 살 수가 없습니다. 엄마의 기대와 무의식적 소망에 압도되지요. '유능한 엄마로 살아가고 싶은 엄마'의 욕구를 충족시켜 주기 위해 살 뿐입니다. 자신의 참 자아를 버리고 거짓 자아로 살아가며 불행한 삶을 대물림받게 됩니다.

호석이 엄마는 지금부터 자신이 행복할 수 있는 일들을 실천하기로 했습니다. 그 실천은 호석이의 마음을 위해 해야 하는 일이기도 하지요.

진짜 좋은 부모가 되기 위해서는

이처럼 어떤 부모들은 아이를 위해 행동하고 고민하기 때문에 스스로를 좋은 부모라고 생각하기 쉽습니다. 하지만 '아이의 존재'는 보지 않고 '아이를 위한 행위'에 중독되어 있는 경우도 있습니다.

"이러한 많은 행동들이 아이가 원해서인가요, 엄마가 원해서 인가요?"

이 질문에 대답하지 못한다면 엄마의 좌절된 욕구를 채우기 위해 아이를 희생양으로 삼고 있다는 증거입니다.

저는 아이가 태어나기 이전에 부모로서 해야 하는 준비는 육아 책을 읽는 것이 아니라고 답합니다. 나에 대해 알고, 나의 행복을 스스로 책임질 수 있는 능력을 키우는 것이라고 말합니다.

아이들은 어릴수록 엄마의 감정과 한 덩어리인 상태입니다. 엄마가 아이를 위하느라 바쁘고 긴장한 상태인 것보다 행복한 상태로 아이 곁에 머무르는 것이 더 좋습니다. 아이의 정서적 안정감과 인지 발달에 더 긍정적 영향을 줍니다.

아이를 위한다는 생각을 멈추고, 엄마인 나를 돌보고 나를 위해 시간과 에너지를 써 주세요. 그렇게 마음을 풍요롭게 만들고 아이를 만나면, 아이는 엄마의 마음에 가득 찬 풍요로움을 먹으며 무럭무럭 성장할 수 있습니다.

엄마와 나는
다르다

저는 딸의 슬라임이 옷에 엉겨 붙어 당황한 경험이 있습니다.
슬라임은 옷에 단단하게 붙어서 힘으로는 떼어낼 수 없었습니
다. 슬라임을 뗄 다양한 방법을 찾다가 따뜻한 물에 적셔 보았습
니다.

슬라임을 따뜻한 물에 적시자 스르르 녹으면서 아이의 옷과 분
리되기 시작했습니다. 저는 이 과정이 꼭 부모의 가혹한 말이 내
면화된 자신에 대한 느낌, 왜곡된 인식을 벗어나는 과정과 닮아
있다고 느꼈습니다.

내가 쓸모없다고
느끼는 이유

엄마가 딸에게 한 가혹하고 비난적인 메시지는 딸이 스스로를 사랑할 수 없게 만드는 이유가 됩니다. 엄마가 내린 평가가 곧 나 자신에 대한 평가가 되지요. 이렇게 엄마와 나의 생각이 같아지는 현상을 '동일시'라고 부릅니다.

동일시는 정신분석학에서 쓰이는 용어로 자기가 좋아하거나 존경하는 사람의 태도, 가치관, 행동 등을 자기 것으로 받아들이는 과정을 의미합니다. 그래서 자기도 모르는 사이에 그 사람의 행동과 말투, 사고방식과 닮게 되지요.

동일시를 설명하기 위해서는 '내면화' 과정을 먼저 이야기해야 합니다. 어떤 딸은 '나는 좋은 딸은 아니지만 늘 최선을 다한 딸이야'라거나 '나는 나쁜 딸이야', '나는 쓸모없는 딸이야'라고 스스로를 판단합니다. 이러한 자기에 대한 느낌은 최초의 대상과의 상호작용에서 만들어지는데, 이것을 내면화라고 합니다.

내면화
과정의 단계

내면화 과정은 두 단계를 거쳐 이루어집니다.

첫 번째 단계는 '함입의 상태'로 부모와 자신의 경계가 없습니다.

나와 대상의 구분이 없지요. 인간관계에서 사람들과 과도하게 거리를 두고자 하는 사람들은 대부분 함입에 대한 공포심이 높습니다.

어떤 딸은 다른 사람들과 친밀한 관계를 맺고 싶으면서도 너무 가까워질까 봐 벗어나고 싶어서 혼란을 겪습니다. 그녀는 어린 시절부터 엄마에게 잦은 체벌을 당했고, 부모가 자신을 보호해 주는 경험이 별로 없습니다.

그래서 자신을 친절하게 대하는 대상을 원하면서도 대상과 가까워지기를 두려워합니다. 마치 내 엄마가 그러했듯 가까워지면 나를 힘들게 하거나 안전한 경계를 침범할 것 같다고 느끼기 때문이지요.

두 번째 단계는 '내사 과정'입니다.

엄마에게 학대받았던 딸이 항상 듣던 말이 있습니다.

"너 따위가 무슨."

"너 같은 애가 무엇을 할 수 있겠어."

이 말을 처음 들었을 때는 단순히 엄마가 화가 나서 한 말이라고 인식합니다. 하지만 이 과정이 반복되다 보면 "나 같은 애가 무엇을 할 수 있겠어"라는 자신의 목소리가 됩니다.

이 목소리는 내가 무엇인가 도전하려는 순간, 앞으로 나아가려는 순간의 선택과 행동에 영향을 미칩니다. 이 상태가 반복되면 자신의 성격이 되고, 자신을 사랑하기보다는 가혹하고 처벌적으로 대하는 단계까지 이를 수도 있습니다.

상처 입은 딸은
치료가 필요하다

상처 입은 딸의 마음속에는 자기 비난과 가혹한 태도가 녹아 있습니다. 자신이 슬라임이 달라붙어 더 이상 쓸모없는 옷 같다고 느끼지요. 상담을 이어 가다 보면 그 가혹했던 말이 자신의 엄마와 가족 내 분위기를 투영한 목소리임을 발견합니다.

상담사는 그 단단하게 달라붙은 생각에 따뜻한 물을 흘려보내는 안전한 치료적 관계를 제공합니다. 그 속에서 딸은 자신의 진짜 감정을 알고 엄마가 자신을 대했던 태도를 직면하게 되지요.

슬라임을 제거하려면 옷 어디에 붙어 있는지를 알아야 합니다. 이와 마찬가지로 엄마의 태도를 직면하면 엄마와 나의 동일시에서 분리가 일어나기 시작합니다.

"선생님, 저도 그때 엄마한테 '힘들었겠다'라는 말 한마디 듣고 싶었던 것 같아요. 그런데 매번 돌아오는 말은 '네가 잘못해서 그런 거겠지'였어요. 진짜 외롭고 서럽고 내가 다 잘못한 것처럼 느껴졌어요."

그 분리 속에서 내가 듣고 싶었고, 내가 바라던 욕구와 감정을 경험하며 '나'라는 감각들을 되찾기 시작합니다. 더 이상 부모가 말하는 비난을 잔뜩 묻히고 자신이 쓸모없는 사람이라고 생각하기를 멈출 수 있지요. 사랑하고 싶고, 사랑받고 싶었던 '나'에 대한 자각이 일어납니다.

그렇게 나를 되찾고 사랑의 새로운 길을 만들어 가게 됩니다. 상담이 아니더라도 우리는 가까운 친구와 같은 신뢰할 수 있는 사람들에게 내 이야기를 차츰 꺼내며 이 과정을 경험할 수 있습니다.

당신이 어떤 모습이든 부모에게 나쁜 존재일 수 없습니다. 당신은 단지 딸이기 때문에 사랑받아야 하고, 딸이기 때문에 이해받아야 합니다. 그 자체를 이기적이라고 생각해서는 안 되고, 부모를 힘들게 한다고 생각할 필요 없습니다.

우리는 단지 그렇게 평가하고 그런 시선으로 보는 누군가가 있었기 때문에 자신을 쓸모없는 존재로 느끼게 되었지요. 당신의 진짜 모습 언제나 엄마에게 힘이 되고 싶은 딸이었고, 부모를 행복하게 해 주고 싶은 딸이었을 것입니다.

엄마의 욕구를 만족시키려고 애쓰고, 노력하고, 엄마를 너무도 사랑하는 존재이지요. 그런 자신의 깊은 본심을 헤아려 보는 것은 어떨까요? 그것이 엄마로부터 벗어나 자신을 사랑하는 첫 걸음임을 기억하길 바랍니다.

과거의 나와
먼저 만나야 한다

희선 씨는 한동안 자신이 '정서적 학대의 희생자'였다는 사실을 알아차리지 못하고 살았습니다. 그러다가 결혼을 하고 육아를 하던 중 심리적으로 붕괴되어 상담소를 찾았습니다.

육아를 하면서 '원래의 나'와 '엄마로서의 나' 사이의 괴리가 너무나 커서 혼란스러웠지요. 육아가 너무 힘들고, 또 아이를 미워하는 마음이 이해가 되지 않아 첫 상담을 시작합니다.

상담을 하다 보면 아이가 가장 버겁게 느껴지는 순간은 자기 자신의 쓰라린 상처를 직면해야 하는 순간임을 발견하게 됩니다. 희선 씨 역시 아이와의 관계를 토대로 자신의 어린 시절 진실을 마주하려 합니다.

딸을 보면
화가 나는 엄마

희선 씨는 아이를 낳기 전에는 사회적으로 인정받는 커리어 우먼이었습니다. 늘 자신감이 넘치고 자기 관리도 잘해 다른 사람의 부러움을 샀지요.

결혼 생활도 순탄했습니다. 아이가 신생아 시기일 때는 아주 행복했다고 합니다. 아이를 양육하는 돌봄의 단계에서는 육아가 어렵지 않았지요. 그런데 아이가 초등학생이 되어 자신의 의사를 거스르고 독립적으로 행동하면서 희선 씨는 완전히 무너져 내렸습니다.

희선 씨는 아이가 자신의 말에 순종하지 않을 때 치밀어 오르는 분노 때문에 아이에게 소리 지르기를 반복했습니다. 자신에게 말대답을 하거나 적반하장으로 자신의 요구사항을 표현할 때는 아이가 미워지기까지 했습니다.

희선 씨는 돌아서고 나면 꼭 자신이 다른 사람이 된 것 같다고 말했습니다. 머리로는 그렇게 하면 안 된다고 생각하지만, 막상 딸의 모습을 보면 감정적으로 반응하게 되었지요. 그때는 자신이 마치 초등학생이 되어서 아이와 싸우고 있는 것 같았습니다.

내 딸은
나와 다르다

희선 씨의 딸은 어린 시절 희선 씨와 많이 달랐습니다. 자기주장이 확실하고 표현력이 풍부한 아이였습니다. 느끼는 감정도 섬세한데, 자신의 감정을 요구하고 주장할 수 있는 아이였죠.

그렇게 희선 씨의 딸은 희선 씨를 '자기 감정을 다 표현해도 되는 믿을 만한 엄마'라고 생각했습니다. 자기의 욕구를 표현해도 안전하다는 신뢰와 믿음이 있기 때문입니다. 희선 씨에게 마음껏 요구하고, 자신을 표현하고, 엄마를 거절하기도 했습니다.

반면에 희선 씨가 기억하는 자신은 어린 시절 매우 순종적이었습니다. 아빠 때문에 늘 마음고생을 했던 엄마 곁에서 엄마를 위로하는 것이 자신의 역할이었습니다. 엄마의 감정을 편안하게 만들기 위해 늘 노력했지요. '엄마가 이걸 원할까?', '이걸 하면 엄마가 행복해할까?'를 먼저 생각하는 딸이었습니다.

엄마의 행복을 보는 것이 곧 희선 씨의 행복이었기 때문에 엄마가 바라는 모습으로 행동했습니다. 그러면서 자신이 무엇을 느끼는지, 무엇을 바라는지를 느끼기 어려워졌습니다.

희선 씨는 자신이 그러한 과거가 있다는 것조차 잊고 살았다고 합니다. 하지만 희선 씨의 마음은 신호를 주고 있었지요. 첫 아이를 키우면서 '내 아이는 나와 다르게 표현도 하고 적극적인 아이로 키우도록 해야겠다'라고 결심했다고 합니다. 그래서 아이의 생각과 감정을 잘 들어주려 노력했지요.

희선 씨도 지금의 딸의 모습이 자신이 원하는 딸의 모습이었다고 합니다. 하지만 막상 딸의 자기주장적인 모습을 보면 불편하고 위협적이라고 느꼈습니다. 자신의 감정과 욕구를 억눌러야 했던 과거 희선 씨의 마음 조각 때문이지요. 자신의 과거 모습과 비슷한 '엄마에게 복종하는 딸'을 원하고 있었던 것입니다.

대물림을 끊어내는 육아, 나의 고통을 알기

부모는 첫째 아이를 '자녀'로서 대하기보다 '확장된 나'로 인식하기 쉽습니다. 나의 결핍을 채워 줄 수 있는 대상으로 생각합니다. 또 자신의 결핍이 너무 크면 아이의 요구를 무조건적으로 허용하는 잘못된 양육태도를 가지기 쉽지요. 우리는 나도 모르게 내가 잃어버린 것을 채우고 싶어 하기 때문입니다.

희선 씨는 집안에 대대로 내려오는 정서적 단절의 대물림을 끊을 수 있는 첫 주자였습니다. 자기 안에 찾아오는 이질감과 고통을 외면하지 않고 똑바로 보기로 결심했습니다. 희선 씨는 자신의 감정을 마비시키고 살아야 했던 어린 희선 씨의 고통을 하나씩 풀어 나갔습니다.

희선 씨는 과거 자신의 감정과 욕구를 표현하면 엄마가 죽어버릴 것 같은 두려움에 시달렸습니다. 하지만 자신의 딸은 자신을 믿어 주는 것에 감사함을 느끼기 시작했습니다.

"내 딸은 나와 다르네요. 나는 감정대로 엄마에게 요구하면 엄마가 죽을 것 같아서 항상 무서웠어요. 엄마가 너무 힘들어 보였거든요. 나와 다르게 나를 믿어 주는 딸에게 고마워요.
하지만 내가 아이의 요구를 다 들어 주려고 했던 것이 문제가 될지 몰랐어요. 아이를 거절하면 내 마음이 너무 아팠거든요. 그래서 아이의 욕구 조절에 도움을 주지 못한 것 같아요."

희선 씨는 아이를 통해서 자신의 어린 시절 아픔을 만나고 교감하게 되었습니다. 딸이 과도하게 자기주장을 하면 적절하게 제한을 걸기도 하고 올바른 길을 안내하기 시작했지요. 이 행동이 억누르거나 통제하는 행동이 아님을 알게 되었습니다.

나의 상처를
다시 대물림하지 않으려면

자기 내면의 문제와 상처를 마주해야 내 아이가 외치는 고통의 비명소리에 같이 공감할 수 있습니다. 아팠던 자신을 보지 못하면 아이를 대하는 태도가 정서적 학대인지 무리한 요구인지 분별하기 어렵습니다. 또한 아이를 성장하게 만드는 거절과 제한을 아이에게 상처 주는 것이라고 왜곡해서 인식하게 됩니다.

가족 상담치료사인 핼 에드워드 렁켈은 아이를 양육함에 있어서 자신에 대한 이해가 중요하다고 말합니다.

아이가 아닌 내 삶에 초점을 맞춘다. 나에 대한 이해를 통해서 아이를 이해하고 자기 변화를 통해 자녀에 대한 변화를 시도해야 하지, 아이를 변화시키는 것은 주요 전략이 될 수 없다. 나를 다스리지 못하면 아이와의 관계에서도 주도권을 쥘 수 없다. 자신을 돌보는 것이 가족에 대한 자신의 일차적 의무이다.

우리는 지난 과거를 바꿀 순 없습니다. 고통스러웠던 어린 시절의 경험을 없었던 일로 만들 수도 없지요. 하지만 단 하나, 스스로를 변화시킬 수는 있습니다. 나의 과거 상처의 뿌리들을 의식의 영역으로 드러내겠다고 결심하면 됩니다.

그럴 때 병든 뿌리가 다른 뿌리마저 병들게 만들지 않도록 지켜내야 합니다. 그 방법이 바로 나의 뿌리인 엄마와의 관계를 들여다보는 것입니다. 그러면 더 이상 상처로 인해 묻어 두었던 억압된 감정과 욕구에 따라 움직이지 않을 수 있습니다. 우리 자신을 책임질 수 있으며 우리의 감정을 충분히 경험하고 행동을 선택할 수 있게 됩니다.

물론 이 과정은 지난합니다. 하지만 이 과정을 거치며 진정한 자기 자신을 만날 수 있습니다. 상처로 얼룩진 감정들을 사랑하는 사람들에게 왜곡된 방식으로 표출하며 상처를 대물림하는 삶에서 벗어날 수 있지요.

사랑에도
의지가 필요하다

아동 트라우마 연구원이자 정신의학 교수인 브루스 D.페리는
자신의 저서 《당신에게 무슨 일이 있었나요》에서 사랑을 아래와
같이 표현합니다.

사랑은 곧 행동이에요. 컴퓨터 앞에 앉아 소셜미디어에 자기
가 아이를 얼마나 사랑하는지만 올리는 부모도 있습니다. 아
기가 잠에서 깨 울고 있지만 거기에는 관심이 없습니다.
그 아기는 결국 부모의 사랑을 전혀 경험하지 못합니다. 아
기에게는 살과 살이 닿는 따뜻함, 부모의 체취, 양육자의 모
습과 소리, 주의 깊게 반응하는 양육 행동이 사랑입니다.

SNS를 보면 많은 이들이 자신의 아이들을 얼마나 사랑하고, 아이의 교육에 열정적인지에 대해 이야기하고 있습니다. 하지만 브루스 D. 페리 박사의 말처럼 '아이에 대해 고민하느라' 그 순간 순간에 아이와 사랑을 나누지 못하기도 합니다.

아이의 옷을 쇼핑하는 동안 옆에서 "엄마 나랑 놀자"라는 말을 듣고 "잠깐 기다려. 지금 네 옷 고르고 있잖아. 혼자 잠깐만 놀아"라는 답을 하면 안 됩니다. 이 말로 인해 그 순간에 나누어야 할 사랑의 기회를 놓칠 수도 있습니다. 아이를 위해서 하는 많은 행동이 아이와 사랑을 나누는 시간을 대체해서는 안 됩니다.

사랑도 배워야 한다

엄마로부터 받은 무조건적인 사랑의 경험이 적다면 사랑을 의지를 가지고 배워야 할 때도 있습니다. 사랑이 무엇인지, 사랑을 나누는 모습이 어떤 형태인지 아는 것은 참 어려운 숙제와도 같습니다.

그럼에도 우리는 이 숙제를 풀어 나가야 합니다. 앞에서 계속 말했던 대로 우리가 경험한 관계의 모습을 '사랑'이라고 착각하기 쉽기 때문입니다.

자신의 엄마와 긍정적인 상호작용보다 간섭과 통제를 자주 경험했다면 그것이 사랑이라는 미명하에 반복되기 쉽습니다. 또 간섭과 통제를 극도로 배척하려고 하다가 무분별한 허용과 수용으로 잘못된 양육 태도를 보이기 쉽지요.

이러한 이유로 상처를 받은 딸들은 자신의 딸에게 각각 다른 모습으로 상처를 대물림하기도 합니다. 일이 너무 바빠서 엄마와 함께 하지 못했던 딸이 엄마가 되어 자신도 일 중독에 빠집니다. '아이를 위해서 돈을 번다'라는 미명하에 아이를 방치하는 외로움의 정서를 대물림하지요.

잦은 체벌과 정서적 학대를 받았던 딸은 엄마가 되어 절대 엄마처럼 하지 않으리라 결심합니다. 그래서 과도하게 딸의 욕구를 충족시켜 주고, 사랑의 과잉으로 딸의 발달과 정서에 문제가 생기기도 합니다. 이런 저런 모양으로 우리는 우리가 받은 것을 대물림하면서, 또 대물림하지 않기 위해 행동하면서 아이에게 영향을 줍니다.

아이가 기억하는 사랑은 일상의 순간이다

사랑을 주고받는 과정이 어려운 부모들은 사랑을 이벤트로 대체하는 것에 익숙합니다. 평소에는 아이와 함께 시간을 보내지 못하다가, 특정한 날에만 멋진 카페나 재미있는 활동을 하러 가지요. 가서도 사진 찍는 것에만 집중하기도 합니다.

예를 들어, 공원에서 한 아이가 장난감 자동차를 타고 있었습니다. 아이가 자동차를 타는 동안 엄마는 아이를 카메라로 찍기 시작했지요. 아이는 굳은 표정으로 몇 바퀴만 돌고 내렸습니다.

만약 엄마가 자동차를 타는 아이와 눈을 맞추고 아이의 기분에 반응했다면, 아이는 더 즐거워하지 않았을까요? 아마 그랬더라면 아이는 엄마의 사랑을 더 전달받았을 것입니다.

상담을 하며 많은 이야기를 들어 보면 부모에게 사랑을 받았던 장면들을 회상할 때 부모와 함께 간 멋진 장소를 떠올리지는 않습니다. 사랑받았던 기억으로 떠올리는 모습은 오히려 아래와 같이 평범한 모습니다.

저녁에 함께 산책하며 별을 보았던 기억, 가장 힘들 때 손을 잡아 주던 엄마의 모습, 엄마와 함께 재미있는 이야기를 나누며 깔깔거리고 웃었던 기억, 생일에 함께 케이크를 나눠 먹었던 기억, 엄마의 얼굴에 볼을 비비던 기억, '우리 집 잠탱이' 하며 엉덩이를 토닥거리는 엄마의 기억.

일상생활 속에서 '사랑을 받는다'라고 느끼는 순간은 멋지고 비싼 선물을 받거나 좋은 장소에 갈 때가 아닙니다. 사소한 눈빛과 말, 순간을 함께하며 주고받은 대화이지요. 아주 짧은 찰나의 순간 순간이 모여서 우리는, 우리의 자녀는 부모의 사랑을 경험합니다.

사랑의 기술을 습득하기
위해 연습해야 하는 '현존'

그렇다면 상담에서 내담자들이 자신을 다시금 사랑하게 되고, 증상이 호전되며 살아갈 힘을 얻게 되는 것은 어떤 요소 때문일까요? 많은 연구들은 그것에 대한 답으로 '치료관계'를 말하고 있습니다.

다양한 심리치료 기법이나 이론은 심리상담의 효과성을 보장하지는 않습니다. 이론이나 기법이 내담자들의 긍정적인 마음의 변화에 미치는 영향은 아주 적다는 연구결과들 또한 보고되고 있습니다. 오히려 내담자과 상담자의 관계, 치료사가 내담자와 현존하는 그 순간에 치유적인 힘이 만들어집니다.

'인간 중심 상담' 창시자인 칼 로저스는 내담자의 성장을 촉진하기 위해서 공감, 조건적인 긍정적 관심, 일치성이 중요하다고 말합니다. 또한 후기의 저서들에서는 내담자를 변화시키는 가장 중심적인 특성으로 현존을 꼽습니다.

치료사의 현존이야말로 앞에서 말한 치료사의 능력이나 기술이 기반된다는 것이지요. 로저스는 사후에 출판된 저서에서 아래와 같은 말을 남겼습니다.

나는 그동안의 저서에서 3가지의 기본 조건(일치성, 무조건적인 긍정적 관심, 공감적 이해)을 지나치게 강조했다는 생각이 들었다. 이것을 둘러싸는 가장 중요한 치료적 조건이 있는데, 바로 자신이 현존할 때이다.

심리치료사 역시 내담자와 만날 때 깨어 있는 상태로 존재해야 합니다. 그래야 그들의 생각과 정서뿐만 아니라 신체적 반응과 영적인 부분까지 함께 만나는 순간을 경험하지요. 이것이 현존입니다.

이때 치료사는 내담자가 느끼는 감정을 알아차리고, 느낌을 통해 내담자의 고통을 이해하게 됩니다. 치료사와 내담자와 현존하며 같은 것을 공유할 때 내담자는 안정감을 경험합니다. 이때 느끼는 안정감 자체에 치유적인 효과가 있지요.

이것은 부모가 온전히 깨어 있는 상태로 아이에게 집중하며 온전한 관심을 기울일 때 부모의 사랑을 경험한다는 말을 뒷받침해 주기도 합니다. 부모와 아이와의 현존, 이 연결감을 경험하는 순간이 아이 스스로의 존재를 확인하는 순간이 되지요.

우리는 사랑이 서툴러 사랑을 대체할 수 있는 무엇인가를 고민하고 찾습니다. 사랑하기 위해서는 사랑을 배워야 합니다. 저는 이러한 사랑의 방식과 기술을 아이에게 적용하기 전에 자신에게 먼저 적용하길 권유합니다.

다음에 나오는 제시문을 읽은 뒤 눈을 감고 생각해 보세요. 그런 뒤에 기록해 보세요. 채워 넣을 글이 지금 당장 떠오르지 않는다면 매일 매일 고민해 보길 바랍니다.

그리고 길을 다니며 행복하게 웃고 있는 아이를 관찰해 보세요. 저 아이들은 엄마와 어떤 순간을 함께하며 저렇게 웃고 행복해하는지 고민해 봅시다. 이러한 순간들이 바로 사랑의 현존, 사랑의 기술을 습득해 가는 과정입니다.

⇨ 내가 가장 엄마를 필요로 할 때는 언제인가요?

⇨ 내가 엄마로부터 가장 듣고 싶었던 말은 무엇인가요?

⇨ 엄마가 내가 가장 원하는 모습으로 나에게 말하고 행동한다
면 어떤 모습이 떠오르나요?

1. _____

_____

2. _____

_____

3. _____

_____

4. _____

_____

5. _____

_____

엄마와
제대로
사랑하기

상처 주고, 모진 말을 하고, 중요한 순간에 늘 자신밖에 모르던 엄마이지만, 딸은 그런 엄마와 사랑하며 친밀감을 나누는 삶을 꿈꿉니다.

어쩌면 이 짝사랑 같이 애끓는 사랑 때문에 우리는 엄마가 더 힘들지도 모릅니다. 상처 받았던 이야기를 하고, 상처로 곪아 있는 내면을 들여다보기 겁이 나는 것일지도 모릅니다. 내가 엄마로 인해 아프다고 느끼기 시작하면 엄마를 영영 잃어버릴까 봐 두려운 감정이 찾아오기 때문이지요.

딸에게 엄마란 놓을 수 없는 사랑이자 포기되지 않는 마음인 것 같습니다. 엄마는 그 사실을 무의식적으로 알기에 딸에게 상처를 주면서까지 자신의 욕구를 충족하려고 했는지도 모릅니다.

나의 내면이
먼저 강해져야 한다

나의 내면이 단단하게 세워지면 '한계를 가진 엄마'를 마주하더라도 덜 실망하게 됩니다. 내 안에 부족한 부분을 이해하듯이 엄마의 부족한 모습을 이해할 수 있게 되지요. 부족한 모습과 사랑을 나눌 수 있는 모습이 모두 있다는 것을 알게 됩니다.

엄마가 원하는 것을 내가 원하지 않을 수도, 엄마의 바람을 내가 채워 주지 못할 수도 있습니다. 이 사실을 인정해야 엄마와 나름의 친밀감, 유대감, 따뜻함, 만족감을 공유하는 관계가 됩니다. 이렇게 서로를 통해 부족한 부분을 채우면서 성숙한 인간관계 또한 가능해지지요.

엄마라는 존재가 이토록이나 서툰 모습인 이유는 우리에게 사랑할 능력을 키워 주기 위함이 아닐까요? 사랑은 내가 받지 못하는 부분을 알지만 사랑할 수 있는 것, 상처받을 모습을 끌어안으면서도 사랑할 수 있는 것, 한계를 탓하지 않으면서도 인정해 주는 것, 상대방의 진짜 마음을 알아 주는 것입니다.

결국 엄마의 한계를 인정하는 것은 자신이 엄마가 되었을 때 마주할 자신의 한계를 끌어안는 것과 같습니다. 나에게 종종 보이는 닮고 싶지 않은 엄마의 모습을 발견하더라도, 있는 그대로의 나를 이해할 수 있지요. 이로써 삶의 다양한 조각을 하나씩 맞춰 나갈 수 있게 됩니다.

사랑하는 동안
채워지는 마음

내가 원하는 사랑을 비록 나는 받지 못했어도 내 아이에게 또는 사랑하는 사람에게 건네줄 수 있습니다. '사랑은 행동'이라고 주장했던 브루스 D.페리 박사 역시 이 부분에 대해 뇌 과학의 이론으로 설명합니다.

한번도 사랑받아 본 적이 없다면, 사랑하게 만들어 주는 신경은 발달하지 않아요. 다행스럽게도 꾸준히 사용하고 연습하면 그 능력이 생겨날 수 있습니다. 사랑받지 못했던 사람도 사랑을 받으면 사랑을 주는 사람이 될 수 있습니다.

채움받지 못해서 텅 비어 있던 마음은 내 딸에게 사랑을 실천하는 동안 차곡차곡 채워집니다. 더불어 내가 받지 못했던 사랑을 딸에게 주고 있다는 대견함과 유능감은 더욱더 그 사랑을 누리며 나누게 만들어 주지요.

지금까지 상처 입은 딸로 살아온 여러분은 '살아남은 자'로서만 인생을 겨우겨우 버틴 것이 아닙니다. 외상 후 더욱 성장한 모습으로 자신과 같은 아픔을 지닌 사람들에게는 존재만으로 위로를, 스스로에게는 대견함을 선물하였지요.

또한 아이들은 우리의 사랑을 먹고 마시며 자연스럽게 사랑을 누리고 사랑을 전하며 살아가게 될 것입니다. 당신이 이 책을 읽고 결심을 하는 그 순간부터 말이지요.

내 불안의 시작과 끝

엄마라는 상처

© 노은혜 2023

1판 1쇄 2023년 11월 3일
1판 2쇄 2023년 12월 17일

지은이 노은혜
펴낸이 유경민 노종한
책임편집 구혜진
기획편집 유노라이프 박지혜 구혜진 **유노북스** 이현정 함초원 조혜진 **유노책주** 김세민 이지윤
기획마케팅 1팀 우현권 이상운 **2팀** 정세림 유현재 정혜윤 김승혜
디자인 남다희 홍진기
기획관리 차은영
펴낸곳 유노콘텐츠그룹 주식회사
법인등록번호 110111-8138128
주소 서울시 마포구 월드컵로20길 5, 4층
전화 02-323-7763 **팩스** 02-323-7764 **이메일** info@uknowbooks.com

ISBN 979-11-91104-79-0(03180)

• — 책값은 책 뒤표지에 있습니다.
• — 잘못된 책은 구입한 곳에서 환불 또는 교환하실 수 있습니다.
• — 유노북스, 유노라이프, 유노책주는 유노콘텐츠그룹 주식회사의 출판 브랜드입니다.